다시 만나는 삼국지

다시 만나는 삼국지

초판 1쇄 발행 2024년 11월 20일

지 은 이 | 안정훈
발 행 인 | 박진배

발 행 처 | 전주대학교출판부
등록번호 | 제1999-000012호
주　　소 | 전라북도 전주시 완산구 천잠로 303(효자동3가)
전　　화 | 063-220-2357
팩　　스 | 063-220-2067

편집인쇄 | 참디자인(02-3216-1085)

ISBN 978-89-8448-204-3 (03910)

이 책은 전주대학교 출판지원에 의하여 제작되었습니다.

안정훈 교수가 들려주는 삼국지 강의

다시 만나는 삼국지

안정훈 지음

전주대학교 출판부

들어가는 말

내 어린 시절을 더듬어 생각해보면 우리 집에 전축이 있었는데, 전축 옆에 꽂혀있는 레코드판 중에는 가수들의 노래도 있었지만, 관우가 긴 수염을 휘날리며 청룡언월도를 휘두르는 그림이 그려진 삼국지 레코드판이 있어서 전축에 이 판을 올려놓으면 그 당시 유명했던 성우들의 목소리로 삼국지 이야기가 흘러나왔던 기억이 어렴풋이 납니다.

우리 아버지는 고등학교 국어선생님이셨는데 여지껏 내가 만나본 그 누구보다도 훌륭한 스토리 텔러이셨습니다. 중학교 때부터 아버지가 들려주는 열국지 이야기와 초한지 이야기, 삼국지 이야기 등을 웃었다 울었다 하면서 들으면서, 저는 자연스럽게 중국의 역사와 문화에 관심을 가지게 되었고, 그게 대학과 전공을 선택하는 것으로까지 이어졌으니까요.

대학 시절 막연하게 좋아했던 삼국지를 강렬한 끌림으로 만들었던 것은 코에이사에서 출시한 〈삼국지2〉라는 컴퓨터 게임이었습니다. 당시 저는 다른 친구들이 거의 가지지 못한 '386에 컬러모니터'라는 고사양 컴퓨터를 가지고 있었기에 친구와 후배들이 거의 매일 내 자취방에 몰려와 삼국지 게임으로 날밤을 새웠고, 나는 단지 게임을 잘하기 위해서 이문열 삼국지를 다시 뒤적이게 되었습니다.

이렇게 시작된 삼국지와의 인연은 매해 출시되는 게임으로 이어지고, 다시 영화와 드라마로 이어졌으며, 내가 대학교수가 되어서는 강의로까지 이어지게 되었으니, 삼국지는 내 인생에서 가장 오래되고 강렬했던 서사라고 말해도 과언이 아닐 것 같습니다. 게다가 공통분모가 없으면 하루에 한 마디도 나누지 않을 수 있다는(!) 아빠와 아들의 관계에서 다행히 제 아들 녀석은 게임을 좋아하고 삼국지 이야기도 좋아하는 터라, 아들 녀석 덕분에 삼국지 관련 웹툰도 알게 되고 유명한 웹툰 작가가 진행하는 삼국지 유튜브도 구독하게 되었습니다.

그래서 이 책은 내가 강의하는 학교의 원격 강의 시스템에 올린 〈다시 만나는 삼국지〉라는 과목의 스크립트를 기초로 만들어진 것이지만, 사실 이 책을 출간하기로 용기를 낸 이유는 연로하신 아버지께, 그리고 제 아들 녀석에게 이 책을 보여주고 싶어서입니다. 꿈 많은 소년에게 중국 역사 이야기를 들려주시던 제 아버지는 이제 곧 구순을 바라보고 계시지만, 여전히 제게 가끔 중국의 역사며 삼국지 인물들에 대해 물어보곤 하십니다. 이 책이 제 아버지께 조금이나마 소일거리가 되었으면 하는 마음입니다. 성장 과정에서 멀리 떨어져 있어서 많은 시간을 함께 나누지 못했던 아들에게도 이 책이 20대의 인생을 살아가는데 필요한 약간의 재미와 자극을 주었으면 하는 마음입니다.

이 책의 제목을 '다시 만나는' 삼국지로 정한 이유는 책이나 만화, 게임, 영화 등 다양한 매체를 통해 삼국지를 접해 본 사람들을 대상으로 했기 때문입니다. 그래서 약간이나마 삼국지 스토리도 알고 있고, 좋아하는 삼국지 인물들도 있는 삼국지 경험자들에게 내가 생각하는 다양한 시각과 관점을 공유하면서 스스로 삼국 이야기를 다시 생각하게 해보자는 취지였습니다. 그러니 나는 삼국지 이야기를 전혀 모른다는 독자들이 계시다면, 이 책을 읽기 전에 먼저 드라마 삼국지나 만화 삼국지, 하다 못해 게임으로라도 삼국지를 한번 맛을 본 다음에 이 책을 읽어 보기를 권합니다.

내가 젊었을 때는 "삼국지를 한 번도 읽어보지 않은 사람과 세 번 이상 읽은 사람과는 상종하지 말라"는 말이 있을 정도로 삼국지가 필독서였던 시절이었습니다. 그 당시 전국의 베스트셀러의 맨 꼭대기에는 이문열 평역 삼국지가 늘 자리 잡고 있었던 시절이었으니까요. 아마도 삼국지를 한 번도 읽어보지 않은 사람과는 대화가 어려울 만큼 그 당시 삼국지는 고사성어나 문화적 소통 요소의 보고(寶庫)였던 것 같습니다. 세 번 이상 읽은 사람과는 왜 상종하지 말라고 했을까 생각해보면, 아마도 삼국지에 너무도 많은 책략들이 등장하다보니 삼국지 달인이 되면 남을 속이고 제압하는 술책들에 통달하게 되므로 이런 사람은 조심하라는 경고가 아니었을까 생각해봅니다.

아쉽게도 요즘 교단에서 학생들과 소통하다보면 삼국지를 아는 학생들이 갈수록 줄어드는 것을 느낄 수 있습니다. 10년 전만해도 삼국지를 깊게는 몰라도 유비 · 관우 · 제갈량의 이름은 들어서 알고 있는 학생들이 많았는데, 요즘은 그 정도의 삼국지 입문자들도 많이 줄어든 것 같습니다. 그나마 다행인 것은 역사 이야기를 좋아하는 '역덕'은 비록 소수지만 꾸준히 존재하는데, 이들 중에서 '삼국지 덕후'들도 제법 있어서 이들과 재미있게 삼국지 이야기를 나눌 수 있다는 점입니다.

최근에는 몇 년에 걸쳐 삼국지 이야기를 현대식 웹툰으로 재해석하여 연재한 작품도 있고, 서유기를 그리던 웹툰 작가가 '삼덕'들을 위하여 삼국지 유튜브도 만드는 등 삼국지 매니아들을 위한 콘텐츠는 계속 만들어지고 있다는 점이 고무적입니다. 이 책이 삼국지를 좋아하는 모든 독자들에게 하나의 신선한 관점이나 재미가 되었으면 하는 바람입니다.

끝으로 부족한 제 원고를 2024년 전주대학교 출판지원사업에 선정해주시고 예쁜 책으로 만들어주신 전주대학교 출판부에 감사드립니다.

2024년 여름 같은 가을에

안정훈 드림

목차

제4장 : 고사성어로 만나는 《삼국지》

제5장 : 《삼국지》 인물 다시 보기

제1장

정사에서 소설까지 삼국이야기의 변천 과정

〈제1강〉《삼국지》와《삼국연의》는 무슨 관계일까요?

〈제2강〉《삼국지》의 주인공은 유비일까, 조조일까?

〈제3강〉 조위정통론에서 촉한정통론으로

〈제4강〉 역사 이야기에서 소설로의 변천 과정

제1강
《삼국지》와 《삼국연의》는 무슨 관계일까요?

수업 시간에 가끔 학생들이 이런 질문을 자주 합니다.

선생님~ 《삼국지》에 나오는 이야기들은 다 역사적 사실인가요?

선생님~ 《삼국지》는 소설책인가요? 아니면 역사책인가요?

그래서 오늘은 여러분들과 중국의 《삼국지》라는 책이 과연 허구적인 소설인지, 아니면 사실적 역사인지에 대해서 이야기를 나눠볼까 합니다.

아마 역사를 좋아하는 친구들은 《삼국지》 이야기를 어디서라도 접해봤을 거에요. 게임을 좋아하는 친구들은 게임 삼국지를 해봤을 것이고, 웹툰을 즐겨보는 친구들은 〈삼국지톡〉같은 웹툰을 열심히 보고 있겠죠?

아마 중국의 고전 작품 중에서 《삼국지》만큼 우리에게 잘 알려진 작품도 없을 텐데요. 사실 우리 역사에도 고구려 · 백제 · 신라라는 삼국시대가 있었죠. 두 나라가 싸우는 것보다는 세 나라가 대치를 이루면 그 사이에 동맹이나 협공 같은 다양한 전술적 요소가 많이 들어갈 수 있으니까 훨씬 다이내믹하겠죠?

여기서 한 가지 먼저 정확히 확인할 것이 있는데요. 《삼국지》라는 명칭은 소설의 제목이 아니라, 중국 고대의 정식 역사책 이름이라는 것입니다. 엥? 그럼 우리가 읽고 보고 들었던 소설 《삼국지》는 뭔가요?

네. 소설 《삼국지》의 정식 명칭은 《삼국연의(三國演義)》, 혹은 《삼국지 통속연의(通俗演義)》입니다. 이 부분부터 이야기를 시작하는 게 좋겠네요.

중국 고대의 한(漢)나라라는 왕조가 기울어지던 시기에 전국에서 '황건적의 난'이라는 일종의 민란이 일어납니다. 그리고 이들을 토벌하는 과정에서 세력을 키우던 각 지역의 호족 세력들이 나중에는 위나라, 오나라, 촉나라의 삼국으로 정리되는데요. 이 시기의 역사를 기록한 정사(正史), 즉 공식 역사책이 바로 《삼국지》라는 책입니다.

중국에는 '25사'라고 불리는 공식 역사서가 있는데, 이 가운데 가장 초기의 네 가지 역사서인 《사기(史記)》와 《한서(漢書)》, 《후한서(後漢書)》와 《삼국지(三國志)》, 이 네 개의 역사서를 특히 '전사사(前四史)'라고 하여 더욱 중

요하게 여깁니다.[1]

이 《삼국지》라는 역사책은 누가 썼느냐? 삼국을 통일한 것은 위나라도, 오나라도 촉나라도 아니었는데요. 조조의 책사이자 조조의 후계자 조비의 스승이었던 사마의가 위나라에 쿠데타를 일으켜 그 아들인 사마소가 정권을 잡게 되는데요. 사마소의 아들인 사마염이 위나라를 멸망시키고 진(晉)이라는 나라를 세웁니다. 이 진나라가 나머지 촉나라와 오나라를 멸망시키고 중국을 다시 통일하게 되는데, 멸망한 촉나라에서 진나라로 옮겨가 벼슬을 한 진수라는 문인이 역사책 《삼국지》를 편찬하게 됩니다.

정사 《삼국지》의 분량과 순서는 무엇을 말해주는가?

당연히 《삼국지》는 세 나라의 이야기를 담아야 하니까 다시 〈위서(魏書)〉 〈오서(吳書)〉 〈촉서(蜀書)〉라는 세 부분으로 나뉘어 있구요. 그럼 이 세 나라 역사서는 분량이 같을까요? 아닙니다. 전체 65권 중에서 〈위서〉가 30권으로 거의 절반을 차지하구요. 〈오서〉가 20권, 〈촉서〉는 15권으로 〈위서〉의 절반밖에 분량이 되지 않습니다. 이건 무슨 의미일까요? 〈위서〉의 분량이 〈촉서〉의 두 배라는 건 이 역사책을 쓴 사람이 촉나라보다 위나

---

1 삼국시대의 이야기는 《삼국지》에만 나오는 것이 아니라 범엽이 편찬한 《후한서》에도 등장하는데, 후한의 마지막 황제인 헌제의 건안 31년까지의 사건과 관련 인물을 기록한 것이기 때문에 대부분의 《삼국지》 인물들이 《후한서》에도 등장하게 된다. 재미있는 점은 시대적으로는 《삼국지》가 《후한서》보다 뒷 부분을 다루고 있지만, 역사서가 편찬된 시기는 《후한서》가 《삼국지》보다 150여 년이나 늦다는 점이다.

라에 더 관심을 가졌거나 위나라의 역사를 더 중요하게 바라보고 기록했다는 것을 의미하겠죠. 맞습니다. 그래서 정사《삼국지》는 세 나라 가운데 위나라를 중심 혹은 정통 정권으로 보고 역사적 사실을 기록해 나갔다고 할 수 있습니다. 그럴 수 밖에 없는 것이 사마염이 세운 진나라는 위나라로부터 황위를 선양받은 나라이기 때문에 당연히 자신의 정통을 위나라로 정할 수 밖에 없겠죠.

물론 진나라의 관료 신분이므로 무조건 위나라에 대하여 우호적인 시각으로 역사를 기록했다고만 볼 수는 없을 것입니다. 일설에는 그가 촉나라 출신이었기 때문에 촉나라를 오나라보다 좀 더 우호적으로 기록했다는 주장도 있고, 반대로 제갈량에 대한 평가가 그다지 좋지 않은 것을 이유로 촉나라에 비판적인 시각을 가졌다고 평가하는 사람도 있습니다.[2] 무엇이 진실인지는 여러 가지 견해가 있지만, 한 가지 분명한 것은 공식 역사서라 하더라도 사실만을 정확히 객관적으로 기록하는 것은 불가능하다는 것입니다. 왜냐하면 공식 역사서 역시 그것을 기록하는 사람의 가치관과 주관적 판단이 개입할 수 밖에 없기 때문이죠.

정사《삼국지》가 위나라를 중심으로 기록하였다는 근거는 분량의 차이 이외에도 주인공에 대한 호칭으로도 알 수 있습니다. 즉, 나중에 아들 조

---

2 진수의《삼국지》수록 순서가 위서→촉서→오서의 순서임을 볼 때, 진수는 촉한을 오나라보다는 더 중요시했거나 정통에 좀 더 가까운 나라로 판단했을 것이라고 추측해 볼 수 있다. 陳壽,《三國志》(中華書局, 1962) 참고

비에 의하여 무제라는 칭호를 받게 된 조조의 경우는 〈무제기〉라는 본기 형식으로 서술한 반면에 촉나라의 황제인 유비나 오나라의 황제인 손권의 경우는 각각 촉서 〈선주전〉이나 오서 〈오주전〉이라는 열전의 형식으로 서술함으로써, 진정한 황제는 위나라 밖에 없다는 식으로 서술을 한 것이지요.[3]

자, 그런데 우리가 알다시피 소설 《삼국연의》의 주인공은 위나라의 조조가 아니라 촉나라를 세운 유비잖아요? 유비 · 관우 · 장비 삼총사의 도원결의가 소설의 시작이고, 후에 제갈량을 삼고초려를 통하여 어렵게 스카웃하는 장면이 소설의 절정 부분이 되죠. 그런가 하면 10권짜리 《삼국지》에서 제갈량이 죽는 장면이 마지막 10권 중간쯤인데, 그 뒷부분은 책을 집어던지고 더 이상 읽지 않죠. 사실 정사 《삼국지》의 시간적 배경은 황건적의 난이 일어난 184년부터 오나라가 멸망하고 삼국시대가 종식되는 280년까지 거의 100년의 시간인데요. 제갈량이 죽는 것은 234년이니까 전체 《삼국지》의 시간으로 보면 절반이 갓 넘은 시기인거죠. 그런데 소설 《삼국연의》는 나머지 46년의 시간은 책 반권 분량으로 간단히 처리하고 말아버린 거죠. 당연하게도 주인공인 유비 · 관우 · 장비에다 제갈량까

3 《후한서》와 《삼국지》에 공통적으로 등장하는 인물들에 대한 기록을 보면 다소 차이를 느낄 수 있다. 대표적으로 원소의 경우 《삼국지》 위서 〈원소전〉에서는 그의 성격적 결함과 후계자 실패 등 단점을 주로 부각하는 느낌을 주는 데 반하여, 《후한서》에서는 그의 영웅적 풍모와 지략가적 모습을 부각시키며 그의 실패를 안타까워하는 느낌을 준다. 서진(西晉) 초기에 《삼국지》를 편찬했던 진수가 아무래도 정권의 눈치를 봐야했던 데 반하여 유송(劉宋) 시기 《후한서》를 편찬했던 범엽은 인물들의 행적을 기록하는데 비교적 자유로운 관점을 가졌을 것으로 추측할 수 있다.

지 다 죽었으니 더 이상 소설을 끌고 갈 의미가 없는거죠.

여기서 우리는 한 가지 궁금증이 생깁니다. 왜 정사에서는 위나라를 중심으로 기록하였는데, 소설에서는 촉나라가 중심이 되었을까? 그리고 정사 《삼국지》와 소설 《삼국연의》는 1,000년 이상의 시간적 차이가 있는데 언제부터 주인공이 조조에서 유비로 바뀌기 시작한 것일까? 여러분도 궁금하죠? 이 이야기는 다음 강의에서 들려드리도록 하겠습니다.

제2강
《삼국지》의 주인공은 유비일까, 조조일까?

지난 강의에서는 우리가 흔히 《삼국지》라고 부르는 것이 사실은 소설 《삼국연의》를 말하는 것이며, 《삼국지》라는 명칭은 정식 역사책인 정사를 가리키는 것이라는 이야기를 나눴습니다. 이 정사 《삼국지》는 소설 《삼국연의》와는 달리 내용도 간략한 데다가 유비 · 관우 · 장비 삼총사가 활약한 촉나라가 주인공이 아니라 조조의 위나라를 중심으로 기록되었다는 것도 알게 되었죠.

그런데 말이죠. 천년이 넘는 긴 시간 동안 이 역사책 《삼국지》를 가지고 많은 문인들이 자신들의 역사서를 기록하기도 하고 시장의 이야기꾼들은 사람들에게 이야기로 들려주기도 하고 그랬더란 말입니다. 그 당시 중국 전통시기에 이처럼 역사서를 텍스트로 삼아서 이를 대중들이 알아듣기 쉽게 재미있는 이야기로 들려주는 것을 '강사(講史)'라고 불렀습니다.[4]

4 루쉰 저·조관희 역주, 《중국소설사》(소명출판, 2004), 314쪽

즉 역사를 이야기해준다는 뜻이죠. 아마 오늘날의 역사소설이라고 보면 가장 가깝겠죠? 소설 《삼국지》의 정식 명칭인 '《삼국연의》'에서 연의(演義)라는 말도 의미를 쉽게 풀어서 이야기해준다는 뜻이니까, 결국 《삼국연의》라는 말은 삼국시대의 역사를 쉽게 풀어서 이야기해준다는 뜻이 되겠죠.

자, 그렇다면 처음에 정사로 만들어진 《삼국지》는 조조와 조비로 이어지는 위나라를 중심으로 기록되었는데, 그로부터 천년 뒤 만들어진 소설 《삼국연의》에서는 어쩌다가 왜 유비 · 관우 · 장비를 주인공으로 하는 촉나라 중심의 이야기로 바뀌었을까요? 일단 '어쩌다'와 '왜' 라는 질문에 대한 이야기들은 천천히 하기로 하고요. 그렇다면 후에 나온 중국의 모든 역사서에서도 삼국시대의 기록은 위나라를 정통으로 기록된 것일까요? 아니면 혹시 다른 시각의 역사서도 생겨났을까요? 그렇다면 언제부터 변화의 조짐이 있었던 것일까요?

《삼국지》의 정통 국가를 어디로 볼 것인가에 대한 재미있는 변화의 흔적을 살펴볼 수 있는 몇 가지 자료가 있는데요. 하나는 습착치(習鑿齒)의 《한진춘추(漢晉春秋)》라는 책이구요. 두 번째는 배송지(裴松之)의 《삼국지》 주석입니다. 그리고 북송과 남송 시기에 나온 사마광(司馬光)의 《자치통감(資治通鑑)》과 주희(朱熹)의 《자치통감강목(資治通鑑綱目)》이라는 책도 좋은 자료가 됩니다. 이 자료들에 대해서 차례로 이야기를 해보도록 하죠.

습착치는 왜 관점을 바꾸었을까?

먼저 습착치라는 사람이 지었다는 한진춘추(漢晉春秋)라는 역사서는 지금은 전해지지 않지만, 50여 년 뒤 배송지가 《삼국지》에 주석 작업을 할 때 이 역사서 내용을 참고했기 때문에 종종 주석에 등장합니다. '한진춘추'라는 책은 제목에서도 알 수 있듯이, 한나라를 계승한 나라가 조비의 위나라가 아닌 사마염(司馬炎)의 진나라라고 보고 역사를 기록하였습니다. 다시 말하자면, 조비의 위나라는 후한 헌제를 강요하여 거짓으로 선양을 받은 나라이기 때문에 정통성을 가질 수 없으며, 그러므로 진나라의 정통성 역시 조씨의 위나라로부터 선양을 받아서 확보된 것이 아니라, 한나라를 계승한 촉한을 멸망시킴으로서 하늘이 그 세력을 인정함으로써 정통성을 세웠다는 식으로 주장하고 있습니다.

사실 습착치가 이런 주장을 하게 된 것은 당시 동진이라는 나라의 상황과 깊은 연관성이 있습니다. 사마염이 세운 진나라는 280년 오나라를 멸망시키고 중국을 통일하게 되는데요. 통일된지 불과 20년만에 '팔왕(八王)의 난'이라는 내분에 휩싸이게 되고, 여덟 명의 사마씨들이 용병으로 고용한 북방 유목민족들은 이들의 허약함을 알고 중국의 북방에 자신들의 나라를 세운 뒤, 진나라의 황제를 사로잡는 '영가(永嘉)의 난'을 일으킵니다.

이로서 중국을 통일한 진나라는 공식적으로 사라지게 되지만, 미리 강남으로 도망친 사마씨의 일족이 함께 남하한 북방의 귀족들과 남방의 토착 귀족들과 연합하여 다시 나라를 세우니 이를 동진이라 부르게 되는 것입니다. 그런데 이 동진이라는 나라 역시 허약한 사마씨 황제를 허수아비로 만들고 군권을 쥐고 흔들었던 환온(桓溫)이라는 장군이 실권을 쥐고 있었는데, 습착치가 《한진춘추》를 저술한 배경은 바로 환온이 사마씨로부터 강제 선양을 받을 것이라는 소문이 나돌 무렵이었던 것입니다.

습착치가 바라보기에 동진이라는 나라는 이제 중국의 전역이 아닌 동남 지역만을 다스리는 지방 정권이 된 데다가 환온이 사마씨 황제들을 허수아비처럼 부리고 있는 상황은 마치 조조가 후한 헌제를 압박하던 과거의 상황과 너무 흡사해 보인 것이죠. 이러한 상황에서 《삼국지》의 정통성을 후한으로부터 선양받은 위나라로 기록한다면 머지않아 자신의 황제로 부터 선양을 강요하게 될지도 모르는 환온에게 정당성을 부여하는 셈이 된다고 판단한 것이죠. 다행히도 환온이 병이 들어 죽는 바람에 정권을 강탈하지는 못했지만, 촉한이 후한의 정통성을 계승했다고 보는 습착치의 시각은 최초의 촉한 정통론으로서, 이어지는 역사 기록에 많은 영향을 끼치게 됩니다. 그 가운데 한 명이 바로 《삼국지》에 방대한 주석을 붙인 배송지입니다.

이제 배송지 이야기를 할 시간이네요.

사마씨의 동진은 대장군 유유(劉裕)에 의해 멸망하였는데, 유유는 자신이 세운 나라 이름을 송(宋)이라고 정합니다. 이 나라는 후에 당나라 이후에 세워진 송나라와 구분하기 위해서 유씨의 송나라라는 뜻으로 '유송'이라고 부르기도 합니다. 송나라를 세운 유씨는 바로 한나라 유방의 후손이라는 생각이 있었는데요. 송나라의 3대 황제인 송 문제가 진수의 《삼국지》를 읽다가 사실이 너무 간략하고 내용이 빈약해서 답답함을 느꼈다고 합니다. 그래서 당시의 최고 학자인 배송지에게 다른 사료들을 참고해서 《삼국지》를 자세하게 보충해보라고 시킵니다.

배송지의 주석이 삼국이야기의 발전에 미친 영향은?

그래서 배송지는 200여 종의 다양한 자료들을 살펴보고 원래의 역사 기록에 주석을 붙이는 형식으로 《삼국지》 역사책을 보완하는데요. 이 각주가 얼마나 풍부했느냐면 《삼국지》 원문이 10만자가 채 안되는데, 주석의 분량이 10만자를 훌쩍 넘었다니 원문의 길이보다 더 많은 분량의 주석 작업을 한 것이죠. 그런데 배송지가 참고한 자료들 중에는 야사(野史)나 민간 기록들도 많았기 때문에 각주 내용에 서사성이 강한 허황한 이야기들이 많이 들어가게 되죠.

물론 배송지도 이런 이야기를 각주에 넣으면서 '이건 믿기 어렵다'라거나 '이게 왜 말이 안되는가 하면' 이런 식으로 자신의 견해를 적어놓기도 했죠. 배송지의 주석은 몇 가지 중요한 특징이 있는데요.[5]

첫째로 사마씨를 의식하지 않아도 되므로 위나라와 사마씨에 지나치게 우호적인 서술을 할 필요가 없게 되었다는 점입니다. 오히려 배송지에게 주석 작업을 명한 송나라 황제가 한나라의 후손인 유씨였기 때문에 은근히 촉한에 대한 내용을 좀 더 풍부하고 우호적으로 기록하게 되었죠. 예를 들어 배송지 주석본의 절대 분량은 위나라가 가장 많고 오와 촉의 순서이지만, 원문의 분량 대비 주석의 비중은 촉나라 관련 내용이 오나라보다 많아지게 됩니다. 당연히 위서는 본기와 열전이 함께 있으니 주석도 가장 많을 수 밖에 없지만, 다음으로 주석 작업에 공을 들인 부분이 촉서였다는 것을 알 수 있는 것이죠. 또한 사마소가 위나라의 황제 조모를 시해한 사건을 진수는 당시의 사마씨 황제 때문에 얼버무릴 수밖에 없었던 것을 배송지는 한진춘추의 내용을 가져다가 자세하게 기록할 수 있었던 것이죠.

둘째로 다양한 사료를 동원하여 주석 작업을 하면서 스스로 자신의 주석에 비평을 가하면서도 이들의 출처를 그대로 밝히고 때로는 모순되고 황당한 이야기들도 그대로 수록해 두었다는 점입니다. 이건 역사가로서 얼핏 보면 모순 같지만, 자신의 판단이 완벽할 수는 없으므로 후대의 재

5 황연, 〈《삼국지》 배송지의 주석 연구〉, 경성대학교 박사학위논문, 2024년 참고

평가를 위해 최대한의 자료들을 출전을 밝혀 그대로 소개해 둔 것이죠. 마치 오늘날 동일한 사건에 대해서 가짜 뉴스가 있다고 할 때 이를 가짜뉴스라고 비판하면서도 후세에 이를 다시 평가하도록 가짜 뉴스와 진짜 뉴스를 함께 제시해 두는 객관적인 태도를 보여주는 것과 같은 것이죠.

세 번째로 배송지의 주석 작업이 중요한 이유는 후에 소설《삼국연의》가 만들어지는데 큰 공헌을 했다는 점을 들 수 있을 것입니다. 위에서 배송지가 참고한 200여 종의 사료 가운데는 야사나 민간의 기록들도 많았는데요. 이런 내용들이 황당하다고 자평(自評)을 하면서도 이들을 임의로 삭제해 버리지 않고 그대로 기록을 해둡니다. 그런데 이러한 내용들은 정사의 기록과는 달리 대부분 서사성이 강한 이야기 형식으로 기록되어 있거든요.

앞에서 고대 중국 사회에서 시장 같은 곳에서 사람들에게 역사 이야기를 공연해주는 것을 '강사(講史)'라고 부른다고 설명드렸었죠? 당나라와 송나라, 원나라를 거치면서 도시의 시장을 중심으로 시장에 모여있는 사람들에게 역사 이야기를 들려주면서 먹고 사는 직업이 생기게 되고, 그러다가 시장 경제가 본격적으로 발전하는 명나라 시기가 되면 나관중(羅貫中)이라는 출판사 사장 겸 대형 서점 주인이 '《삼국지》라는 역사책의 의미를 쉽게 풀어서 이야기 해준다'라는 의미로 이곳저곳 시장에서 토막토막 재미있게 공연되던《삼국지》역사 이야기를《삼국지통속연의(三國志通俗演義)》라는 제목의 소설책으로 출판하게 되죠. 이때 여러 시장의 이야기꾼들이나 나관중 같은 출판업자들이 참고했던《삼국지》이야기가 바로 배송지가 주석을 풍부하게 붙여놓은《삼국지》였다는 것이죠.

이처럼 진수의《삼국지》이후로 '촉한정통론'을 가진 역사서가 등장하는가 하면 '조위정통론'을 벗어나 객관적인 역사관과 서사성 강한 풍부한 주석 작업으로 역사소설로의 발전에 맹아를 만든 자료들도 생기게 되었는데요. 그럼에도 불구하고 위진남북조와 당나라, 송나라 때까지는 국가의 정통 사관은《삼국지》에서 위나라를 정통으로 보는 것이었습니다. 예를 들어 당나라 황제들은 종묘에서 역대의 황제들에 대한 제사를 올릴 때 조조와 조비를 올리면서도 유비나 손권은 올리지 않음으로서 이들을 정통성을 계승한 나라로 보지 않은 것이죠.

그러나 이러한 조위정통론이 힘을 잃고 촉한정통론이 크게 대두되는 역사적 사건이 일어나게 됩니다. 여기에 대해서는 다음 강의에서 다루도록 하겠습니다.

제3강
조위정통론에서 촉한정통론으로

지난 강의에서 우리는 진수의 정사《삼국지》와는 다른 관점을 가진 두 역사가를 만나보았습니다. 하나는《한진춘추》를 지었다는 습착치였고 또 하나는 유송 황제의 명으로 진수의《삼국지》에 방대한 주석을 붙인 배송지였죠.

이제 역사서에 촉한정통론을 강하게 주장한 남송 주희의 이야기를 해야겠네요. 여러분 송나라가 북송과 남송 시기로 나뉘게 되는 역사적 사건이 무엇인지는 알고 있나요?

송나라는 우리나라 역사로 보면 고려시대 초기에 해당하는 시대인데요. 장군 출신인 조광윤(趙匡胤)이 5대10국 시대를 종식시키고 개봉(開封)이라는 도시를 수도로 하여 세운 나라입니다. 송나라는 시민사회가 성장하고 상업과 수공업이 발전하는 등 자본주의의 맹아가 싹 텄던 시대입니다. 중국의 미술품 국보 1호인 〈청명상하도(淸明上河圖)〉라는 작품을 보면 송나라 초기 개봉의 활발했던 도시문화를 엿볼 수 있죠. 아울러 관리의 선발제도도 공평하고 투명하여 중국 역사상 가장 공정하고 깨끗했던 시기로 평가받고 있기도 합니다. 그러나 아이러니하게도 이렇게 이상적인 나라가 들어서자 주변 유목민족 국가들도 강대해졌는데요. 거란족이 세운 요나라, 여진족이 세운 금나라, 탕구트족이 세운 서하, 그리고 후에는 몽골족까지 동북방에서 서북방에 걸쳐 막강한 유목민족들이 송나라를 괴롭하게 됩니다.

당시 송나라는 당나라의 멸망 원인을 변방 수비를 도맡았던 절도사 권력이 지나치게 비대해진 데서 찾았는데요. 그렇게 생각할 수 밖에 없었던 이유가 세계 제국 당나라를 기울게 만들었던 '안사(安史)의 난'이 바로 안록산에게 변방 세 곳의 절도사를 겸하게 하여 병력을 몰아준 결과였기 때문이었죠. 그래서 송나라는 변방 절도사의 군 통수권을 약화시키고 대부분의 군대를 황제 직속의 중앙군으로 편제하게 됩니다. 게다가 사회 분위기 역시 문인을 우대하고 상대적으로 무인들을 경시하는 풍조가 생겨났기 때문에 북방의 막강한 유목국가들의 침략을 당해낼 재간이 없었던 거죠.

다행히 송나라는 경제가 크게 발전하여 이들 유목국가들에게 막대한 조공을 제공하면서 돈으로 평화를 살 수 있었습니다. 송나라는 돈으로 유목민족들을 회유하면서 동시에 '오랑캐는 오랑캐로 견제한다'라는 '이이제이(以夷制夷)' 정책을 펼쳐나가는데요. 그러한 정책의 일환으로 요나라에 떼어준 '연운16주'를 되찾기 위해 여진족의 금나라와 동맹을 맺습니다.

이 시기는 요나라가 쇠퇴하고 금나라가 강성해가는 시기였으므로 금나라는 손쉽게 요나라를 멸망시킵니다. 그런데 송나라는 동맹국 금나라와의 약속을 저버립니다. 배신당한 금나라는 협공 과정에서 송나라의 군사력이 얼마나 허약한지를 파악하였기에 손쉽게 수도 개봉을 함락시키고 황제와 황족들을 포로로 삼아 금나라로 끌고 가버리죠. 이 사건이 바로 중국 역사상 가장 치욕적인 사건 중에 하나로 불리는 '정강(靖康)의 변'입니다. 황족 가운데 마침 남방에 있다가 금나라로 끌려가지 않았던 조구(趙構)라는 사람이 항주에서 나라를 다시 세우니 이것이 바로 남송(南宋)입니다.

그러니 남송이라는 나라는 북방 유목민족들에 의해 치욕을 당하고 남쪽으로 도망쳐서 세워진 나라이므로 처음에는 북방의 금나라를 몰아내고 잃어버린 북방 영토를 회복하는 것이 국가의 최대 목표였습니다. 우리나라 역사에서 이순신 장군이 있다면 중국 사람들 마음속에 자리잡은 중국 최고의 장군은 악비(岳飛)라는 장군인데요. 이 악비 장군이 활약했던 시기가 바로 남송 초기 북방 수복 전쟁이었습니다. 그러나 악비가 주화파인 진회(秦檜)의 모함으로 죽게 되고 남송 사회는 북방 회복의 꿈을 접은 채 장강 이남에서 살아갈 수밖에 없게 됩니다. 북방에는 강력한 군사력과 세력을 가진 금나라가 있고 자신들은 중국의 남방을 차지한 지방정권으로 전락한 남송으로서는 '우리가 비록 힘은 약하지만 북방의 오랑캐인 너희들이 가지고 있지 않은 중화라는 정통성이 우리에게 있다고!'라는 중화사상이 팽배하게 됩니다. 거기에 더하여 대의와 명분을 중시하는 성리학이 등장하게 되면서 혈통이나 적통을 중시하는 보수적인 분위기가 만들어지는 것이죠.

《자치통감》과 《자치통감강목》은 왜 관점이 다를까?

바로 이 시기에 성리학을 주창한 주희가 《자치통감강목》이라는 책을 편찬하였는데, 그는 이 책에서 촉한정통론을 강하게 주장합니다. 원래 존재하던 《자치통감》은 북송 시기 사마광이라는 학자가 편찬한 중국 최대의 편년체 역사서입니다. 그 책에서 사마광은 삼국시대에 대해 대단히 균형 잡힌 견해를 유지하려 노력합니다. 진수의 《삼국지》를 계승하여 위나라와 진나라의 연호를 쓰고 위나라 황제만을 '제(帝)'라고 부르는 등 조위정통론을 옹호하는 듯 하지만, 동시에 촉나라를 한나라라고 기록하는 등 촉나라와 오나라에 대해서도 충실히 기록하는 모습을 보여준 것이죠.[6] 이를

6 사마광 지음 권중달 옮김, 《資治通鑑·삼국시대》(삼화, 2007) 참고

가리켜 《자치통감》의 《삼국지》 정통론을 딱히 정통을 어느 하나의 나라에 두지 않았다는 의미로 '무통론(無統論)'이라고 부르기도 합니다.

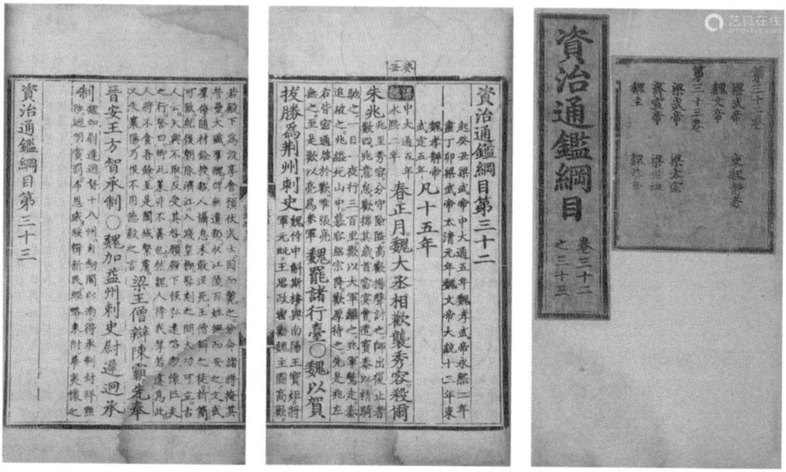

그렇다면 여러분 남송의 주희는 왜 촉한정통론을 강하게 주장한 것일까요?

대의와 명분이 중요한 성리학적 가치관에서 보면 힘이 강하고 세력이 커서 이전 황제를 협박하여 선양을 받는 행위는 말이 좋아 선양이지 나라를 강탈하는 찬탈에 다름 아니라고 보는 것이죠. 그런 입장에서 보면 조비가 후한 헌제로부터 선양을 받은 것도, 사마염이 위나라로부터 선양을 받은 것도 사실은 찬탈에 불과하며, 한나라의 진정한 후계자는 같은 황실의 혈통인 유비에게 있다고 보는 것이죠.

더 중요한 배경은 그 당시 남송이 처한 상황이 《삼국지》에서 촉한이 처한 상황과 너무 유사하다는 점이었죠. 북방을 차지한 강력한 조조가 힘으로 세상을 지배하고, 한나라 황실 혈통인 유비는 어렵게 자신의 기반을 마련하여 미약하지만 한나라 부흥이라는 목표를 향해 매진하는 것. 이러한 당시의 상황이 남송의 현실과 너무 흡사했던 것이죠. 군사력만 강했던 무도한 오랑캐들이 북방을 점령하고 중화의 정통성을 가진 자신들은 남쪽의 귀퉁이에서 언젠가는 중국을 부흥시키겠다는 꿈을 가진 채 살아가는 현실. 그런 현실이 바로《삼국지》의 정통을 촉한으로 두게 만드는 배경이 되었을 것입니다.

재미있는 것은 말이죠. 당나라와 북송 시기에도 지배층과 문인사회는 공식적으로는 위나라를 정통으로 보았지만, 민간의 백성들은 유비를 동정하거나 조조를 미워하는 등 이미 유비 vs 조조의 대립이 선악의 대결 구도로 만들어지고 있었다는 것입니다. 북송의 대 문장가인 소동파(蘇東坡)가 쓴 글을 보면 시장거리에서 이야기꾼이《삼국지》이야기를 들려주는데, 아이들이 조조가 달아났다는 대목에서는 환호성을 지르고 유비가 전쟁에서 패하면 슬피 울더라는 내용이 나옵니다.[7] 그런가하면《삼국지》이야기로 연극을 하다가 조조 역할을 하던 배우가 구경군들에게 몰매를 맞았다는 기록도 있는 것을 보면 지배층이나 역사가들과는 달리 민간에서는 이미 유비를 주인공으로 하는 촉한 중심의 이야기가 만연했음을 알 수

7 루쉰 저·조관희 역주,《중국소설사》(소명출판, 2004), 319쪽

있습니다.

이건 왜 그런 것일까요? 북방의 강자인 조조의 이미지가 당시의 민중들 입장에서는 북방에서 쳐들어온 거란이나 여진, 몽골 같은 유목 민족들의 모습과 겹치면서 이에 대한 반감이 생겨났을 수도 있습니다.

더욱 중요한 건 약자인 백성들 입장에서 이야기의 주인공은 계속 잘 나가는 강한 1등 보다는 약자의 입장에서 온갖 시련을 딛고 일어나는 성장형 캐릭터가 이야기를 듣는 관중들의 입장에서 자신의 감정을 이입하여 동일시하고 그 역할에 몰입하기가 쉽다는 이유도 있었을 것입니다. 삼국 이야기를 듣는 백성들의 경우에 자신과 비슷한 처지의 인물이 어렵게 어렵게 인재들을 얻어가며 기반을 다져나가는 성공스토리를 통하여 거기에 자신의 모습을 투영하며 응원하게 되었을 것입니다.

이제 자연스럽게 역사서 《삼국지》에서 소설 《삼국연의》로 이야기를 옮겨보도록 하겠습니다. 소설 《삼국연의》는 나관중이라는 문인이 편집하였다고 알려져 있는데요. 우리가 지금 읽고 있는 소설 《삼국연의》는 상당히 복잡한 과정을 거쳐서 우리에게 전해진 것입니다. 우리가 처음에 던졌던 의문이 있었죠? 정사 《삼국지》는 위나라를 중심으로 기록되었는데 천년이 지난 뒤 소설 《삼국연의》에서는 어쩌다가 왜 촉나라가 중심이 되었을까? 이 이야기를 자세하게 나눠보려면 다시 세 편의 《삼국지》 소설에 대해 살펴봐야 합니다. 그것은 원나라 때 유행했다는 《삼국지평화》와 원말명초(元末明初)에 나관중이 편집했다는 가정본 《삼국연의》, 그리고 청나라 초기에 모종강(毛宗崗)이 수정 편집한 모본《삼국연의》라는 책들입니다. 이 이야기는 다음 강의에서 들려드리도록 하겠습니다.

제4강
역사 이야기에서 소설로의 변천 과정

지난 강의에서 우리는 진수라는 사람이 처음으로 《삼국지》라는 역사책을 쓴 이래로 삼국시대를 바라보는 다양한 역사서가 등장했다는 것을 살펴봤습니다. 그리고 그 과정에서 진수의 정사 《삼국지》는 위나라를 중심으로 역사를 기록했지만, 다른 역사서들은 그 당시의 상황에 따라 촉한을 중심으로 기록하거나 중립적인 입장을 취하는 등 다양한 관점을 보여주었다는 것을 알게 되었습니다. 이번 강의에서는 이러한 역사서가 일반 대중들에게 쉽고 재미있는 이야기로 공연되고 소설책으로 만들어지게 된 과정에 대해 살펴보겠습니다.

지난 강의에서 우리는 사람이 많이 모이는 시장 골목 같은 곳에서 역사서를 쉽고 재미있게 들려주는 것을 '강사(講史)'라고 불렀다고 배웠는데요. 별도의 무대가 없는 시장의 한 구석에서는 '설서인(說書人)'이라고 불리는 이야기꾼이 사람들을 모아놓고 북을 쳐가며 《삼국지》 역사 이야기를 적당한 시간만큼 들려주었고요. 무대가 설치된 제법 규모가 있는 공간에서는 의상과 분장까지 갖춘 배우들이 《삼국지》에 나오는 이야기를 공연하기도 했었는데, 이러한 공연을 '잡극(雜劇)'이라고 불렀습니다. 역사서에 있는 내용들을 쉽고 재미있는 이야기로 각색하여 공연하는 문화는 도시와 시장이 발달하여 인구가 밀집하게 된 당나라 때부터 유행하기 시작하여 송나라와 원나라 때가 되면 매우 성행하게 됩니다.

이야기꾼들이 사람들에게 들려주는 이야기는 매일매일 같은 이야기를 반복하여 들려주므로 거의 외우다시피 하여 자신의 머릿속에서 나오는 것이겠지만, 주요한 줄거리는 적어두는데, 이처럼 이야기의 대본 혹은 시놉시스가 되는 책을 화본(話本) 혹은 평화(平話)라고 부릅니다. 처음에 화본은 그저 이야기꾼이 자신의 이야기 줄거리를 적어두기 위해 만들었지만, 명청시대에 들어와 글을 읽을 줄 아는 독자층이 많아지면서 점점 들려주는 용도가 아닌 읽기 전용의 화본이나 평화가 만들어지고 이로 인해 중국소설의 절정이라고 불리는 4대 기서(奇書)가 탄생하는 배경이 됩니다. 4대 기서 중에서도 우리에게 가장 잘 알려진 책이 《삼국연의》니까 당연히 그 전 버전인 평화도 《삼국지》를 내용으로 한 작품이 있었겠죠? 그것이 바로 원나라 때 만들어져 유행한 《전상삼국지평화(全相三國志平話)》라는 책입니다.

'전상(全相)'이라는 말은 매 회마다 그림이 수록되어 있다는 뜻이구요. 평화란 말은 정사의 어려운 필체가 아닌 쉬운 말로 썼다는 뜻이니까 《전상삼국지평화》는 오늘날로 말하자면 '그림이 수록된 《삼국지》 이야기' 정

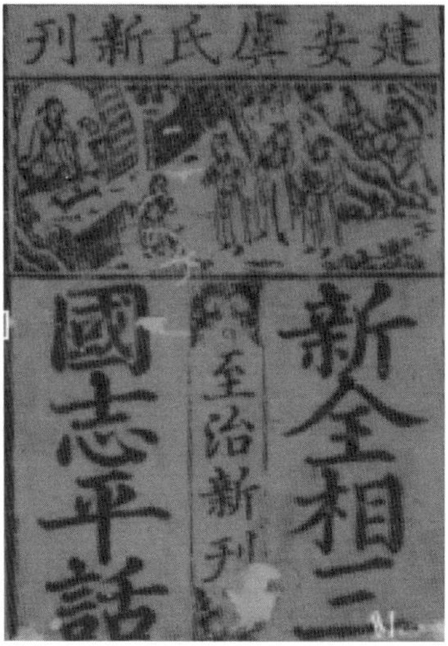

도 되겠네요. 이 책은 작가를 알 수 없습니다. 아마 여러 이야기꾼들의 집단 창작이라고 보는 게 맞겠죠.

그런데 재미있는 것은요. 이 책은 우리가 일반적으로 알고 있는 《삼국지》 이야기와는 많이 다르다는 것입니다. 일단 이 책은 분량이 3권으로 매우 짧은데요. 진수의 정사 《삼국지》가 65권이고, 후에 4대 기서로 완성된 《삼국연의》가 120회본인 것과 비교하면 아주 짧은 편이죠. 그건 이 책의 기능이 핵심적인 내용만을 기록해두고 실제 공연에서는 이야기꾼들이 상황에 맞게 자기의 추임새를 넣어가며 쭉쭉 늘려서 이야기했다는 것을 감안하더라도 많이 짧죠.

내용은 요즘 말로 하면 거의 막장 드라마 수준인데요. 일단 조조와 유비, 손권의 등장부터 전 시대 인물의 환생인데 다가 모든 사건의 결말은 전생의 한을 풀기위한 복수극으로 마무리 되는 등 인과응보와 복수를 모티브로 하는 줄거리가 많습니다. 예를 들면, 진나라가 멸망하고 한나라가 세워지기 전 유방과 항우가 천하를 차지하기 위해 각축전을 벌이던 시기가 있죠? 오늘날 장기판의 기원이 되기도 한 《초한지(楚漢志)》의 시대가 바로 이때인데요. 이때 유방에 의해 억울하게 토사구팽 당한 한신, 팽월, 영포 이 세 사람이 전생의 한을 풀고자 각각 조조와 유비, 손권으로 다시 태어나게 된다는 설정입니다.

다소 황당하죠? 이 세 인물 가운데 팽월은 심성이 가장 착했으므로 변방의 작은 지역에서 잘 버틸 수 있도록 항우의 환생인 관우와 번쾌의 환생인 장비를 보내주어 도와주게 한다는 이야기도 등장하죠. 게다가 후한 헌제는 실제 역사보다 30년을 더 살아서 위나라가 멸망하는 것을 보고 눈을 감는다든지, 진나라가 유비의 후손인 흉노족의 유연이 세운 한나라에게 멸망당하는 것으로 이야기를 끝낸다든지 하는 내용이 들어있죠.

또 재미있는 것은요. 《삼국지평화》에서는 관우나 유비보다 장비의 비중과 이야기가 더 많다는 점인데요. 여포가 장비와 싸우다가 도망가기도 하고, 장판교에서는 장비가 큰 소리로 고함을 지르니까 다리가 저절로 끊어져 버립니다. 그런가 하면 유비의 새 부인인 손부인이 유비의 아들 아두를 안고 오나라로 돌아가려다가 장비가 크게 호통을 치자 수치심을 느껴서 자살을 한다든가, 독우라는 탐관오리를 때리다 못해 죽여서 시체를 토막내고 그 지역의 태수 일가족을 몰살해 버리는 등 폭력과 괴력의 막장 드라마를 보는 것 같죠.[8]

8 정원기 역주, 《삼국지평화》(도서출판 청양, 2000), 45~47쪽 참고

《삼국지평화》는 왜 복수와 환생을 주제로 했을까?

자, 그럼 《삼국지평화》는 역사에도 기록되지 않은 이런 황당한 스토리를 왜 만든 것일까요? 답은 간단합니다. 이야기를 듣는 청중들이 좋아하니까! 오늘날 서점에서 수많은 책들이 베스트셀러가 되기 위해 경쟁하는 것처럼 옛날에도 시장에서 이야기를 들려주는 이야기꾼들이 여럿이 있었겠죠. 이들은 좀 더 재미있는 내용으로 좀 더 멋진 구술 솜씨로 청중들을 끌어모으기 위해 경쟁했을 것이고요. 그러려면 좀 더 자극적이고 대중들이 통쾌해 할만한 이야기를 만들어야겠죠?

그 당시 백성들에게는 인과응보나 복수 같은 스토리가 억눌린 백성들을 대리만족 시켜주는 사이다 같은 주제였다는 뜻이겠죠. 또 유비나 관우 같은 먹물 냄새나는 인물보다는 장비 같은 활발하고 거친 캐릭터가 더 친밀감을 주었겠죠? 아울러 당시의 백성들이 이미 조조는 악인으로 여기고 유비는 선한 주인공으로 받아들이고 있는 시대적 상황이었기 때문에 《삼국지평화》는 철저히 대중들의 요구에 맞추어 조조를 더욱 잔인하고 찌질한 사람으로 만들고 유비와 그를 돕는 관우, 장비, 제갈량은 더욱 위대한 사람으로 만들어 청중들의 기대심리에 부응하게 된 것이죠. 그러니까 《전상삼국지평화》야말로 촉한정통론이 가장 극단적으로 드러난 작품이라고 할 수 있겠습니다.

이게 왜 중요하냐면요. 《삼국지》를 어느 정도 알고 있는 사람들은 흔히 정사 《삼국지》는 위나라를 중심으로 기록했는데, 나중에 나관중이라는 소설가가 소설 《삼국지》를 쓰면서 여기서 유비를 주인공으로 만드는 바람에 정사와는 완전히 다른 촉나라 중심의 《삼국지》가 되었다고들 생각하거든요. 사실 이런 말은 나관중이 무덤 속에서 들으면 억울해서 벌떡 일어날 수도 있는 이야기입니다.

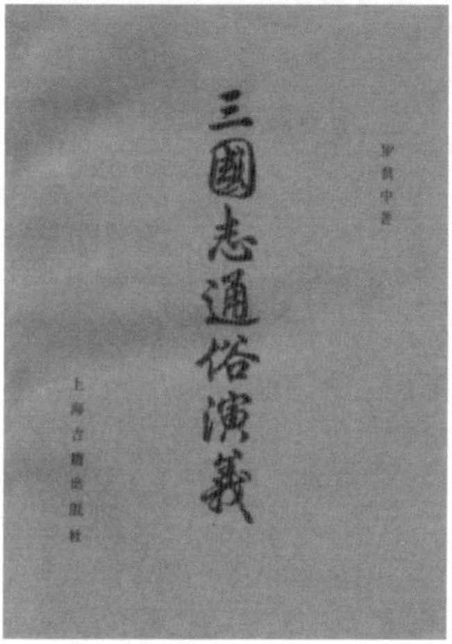

나관중은 다양하게 흩어져 평화 형태로 존재하던 삼국이야기를 하나의 완정한 형태로 완성한 소설 《삼국연의》의 아버지라고도 부를 수 있는 사람인데요. 《삼국지평화》가 1320년경에 만들어졌고, 나관중은 원나라 말기와 명나라 초기인 1330년에 태어나 1400년에 죽었으니까 《삼국지평화》로부터 5~60년이 지나 글을 읽을 줄 아는 사람들을 위한 삼국이야기를 만들고 이를 《삼국지통속연의》라고 이름을 붙입니다.

나관중의 관점으로 보자면 《삼국지평화》는 대중들의 취향에 지나치게 부합하느라 너무나 역사적 사실을 무시 내지는 왜곡하였던 것이죠. 그래서 동네 찻집에서 《삼국지》 공연을 수백 번 반복해서 보았던 그는 다양한 자료와 역사서들을 참고하여 쉽고 재미있으면서도 역사적 내용도 충실하게 반영한 역사소설을 만들기로 한 것입니다. 나관중은 중국의 셰익스피어라고 불릴 만큼 이야기를 구성하는 재주가 뛰어난 사람이었습니다. 기존의 역사서에서 건조하고 간략하게 기록되어 있던 인물과 사건들을 디테일과 인과관계를 창조하여 새로운 인물과 새로운 스토리로 탄생시킨 것이죠.

앞에서 《전상삼국지평화》의 모티브가 인과응보와 복수라고 소개했는데요. 그에 반해 나관중 《삼국연의》의 모티브를 꼽으라면 한 시대를 풍미했던 '영웅들의 이야기'라고 말할 수 있겠습니다. 민간에 떠돌던 유비 vs 조조의 선악 대결 구도 대신에 선과 악이라는 관점에서 한 걸음 물러나 같은 시기에 동시에 태어나 천하를 호령하고 쟁패했던 군웅들의 흥망성쇠를 이야기로 엮은 것이죠.

모종강 때문에 나관중이 억울하다고?

그러다 보니 나관중의 《삼국연의》에서는 이전 《삼국지평화》에서 지나치게 악의 상징으로 폄하되어 있던 조조를 한 시대를 풍미했던 영웅으로 재조명하는 모습이 보입니다. "내가 천하를 배반할지언정 천하가 나를 배신하게 할 수는 없다"와 같은 명대사를 조조에게 만들어 준 것도 나관중의 업적이죠. 물론 소설이라는 것은 상업적인 문학이므로 당시 독자층의 수요라는 것을 무시할 수 없었기에 유비 · 관우 · 장비 · 제갈량의 촉한을 중심으로 이야기를 풀어가는 것은 어쩔 수 없었지만, 기존의 《삼국지평화》

처럼 선악의 대립을 지나치게 극대화시킴으로써 현실성을 잃는다거나 역사적 사실과 지나치게 동떨어진다거나 하는 폐해를 줄이려고 많이 노력한 점은 높이 사야할 것 같습니다. 실제로 나관중의 《삼국연의》가 세상에 나오자 사람들이 촉한을 억누르고 조조를 높였다고 하여 거북해하는 분위기도 있었다고 할 정도니까요.[9]

그렇다면 왜 우리들은 나관중의 《삼국연의》가 유비를 주인공으로 하는 촉한정통론에 입각하여 쓰여진 작품으로 알고 있는 것일까요? 이것도 나관중에게는 좀 억울한 일일 수도 있겠지만, 워낙 《삼국연의》의 아버지로 알려졌기 때문에 그런거니까요. 사실은 오늘날 우리가 읽고 보고 있는 대부분의 소설 《삼국지》는 나관중의 《삼국연의》를 번역한 것이 아니라 나관중으로부터 250여 년 뒤인 청나라 시기에 모종강이라는 문인이 나관중 《삼국연의》를 수정 · 삭제 · 첨가 등의 편집 작업을 통하여 새로이 만들어 낸 '모종강본 《삼국연의》'입니다. 모종강은 자기 버전의 《삼국연의》를 출간하면서 〈독삼국지법(讀三國志法)〉이라는 글을 따로 지었는데요, 여기서 사마광의 자치통감이 위나라의 정통성을 인정한 것이 잘못되었다는 비판으로 글을 시작합니다. 그러면서 유비의 촉한을 중심으로 하면서도 다양한 영웅들의 이야기를 생생하게 만들려고 노력했던 나관중과는 달리 분명하게 촉한을 높이고 조위를 반대하는 관점을 명확하게 드러내고 있죠.

9 옥주, 〈小說 三國志의 變化樣相 硏究 : 回目과 內容의 변화를 중심으로〉, 경희대학교 박사학위논문, 2022 참고

이 이야기가 오늘날까지 역사소설《삼국지》의 기본 줄거리가 되어 주인공 유비와 악당 조조의 원형이 만들어지게 된 것이죠. 사실 소설《삼국연의》는 말 그대로 역사소설이니까 작가의 창작 부분을 지나치게 역사적 사실과 따져서 고증하려는 자세보다는 스토리 자체를 즐기는 태도가 필요합니다. 그런데 한편으로 보면 판타지 소설이 아니라 역사적 사실을 씨앗으로 하는 역사소설이니만큼 소설의 내용과 실제 역사와의 차이를 살펴보고 왜 이런 차이가 생겼는지에 대해서도 알아볼 필요가 있습니다. 정사라고 해서 모두 사실만을 서술했다는 보장도 없는 것이고요, 역사 소설이라는 것은 당시 사회라는 콘텍스트로부터 자유로울 수 없기 때문에 역사적 사건으로부터 천 년 이상이 지나 소설로 만들어진 이야기는 당연히 역사적 사실과 달라질 수 있으며, 왜 그런 차이가 생기게 되었는지를 살펴보는 것도 재미있는 공부가 될 것입니다. 다음 강의에서는 정사《삼국지》와는 차이가 큰《삼국연의》의 인물과 사건들을 살펴보도록 하겠습니다.

제2장

삼국이야기 역사와 소설 사이의 간극

〈제5강〉 도원결의 - 역사와 소설의 차이는?

〈제6강〉 천하삼분지계는 제갈량의 작품인가?

〈제7강〉 관우는 왜 역사와 소설에서 큰 차이를 보일까?

〈제8강〉 제갈량은 과연 신출귀몰한 지략가였을까?

제5강
도원결의 – 역사와 소설의 차이는?

이번 강의에서는 정사 《삼국지》와 역사 《삼국연의》에서 크게 차이가 나는 부분들을 살펴보도록 하겠습니다. 위나라 중심의 정사에 비하여 소설 《삼국연의》는 유비의 촉나라를 중심으로 서술해 나가기 때문에 정사에서는 없거나 크게 다루어지지 않았던 유비와 그의 주변 인물들의 이야기가 많이 들어가게 되는데요. 이러한 이야기 가운데 대표적인 것이 소설의 시작을 담당하는 도원결의 부분입니다. 도원결의(桃園結義)란 복숭아꽃이 핀 정원에서 의형제를 맺는 이벤트를 말하는 것으로 유비가 우연히 장비와 관우를 만나 의기투합하게 되고 비록 남이지만 형제의 연을 맺어 함께 죽기를 맹세하는 대목입니다.

소설의 시작 부분에 돗자리를 팔아 생계를 꾸리던 가난뱅이 유비가 우여곡절 끝에 장비와 관우를 만나 의기투합하고 복숭아꽃이 만발한 정원에서 의형제를 맺는 장면이 나오는데요.

비록 우리들 셋은 태어난 날은 다르지만 죽음은 한날 한시에 같이할 것을 맹세합니다.

이런 결의를 맺죠. 그런데 이들의 맹세는 과연 지켜졌을까요? 그러지 못했죠. 먼저 219년에 유비와 제갈량, 장비, 조운 등이 촉 땅을 얻은 뒤 한중 공략에 집중하는 사이, 촉나라의 유일한 대륙 통로인 형주성을 지키는 중요한 임무를 맡은 관우가 오나라의 육손을 깔보고 무리하게 위나라를 공략하다가 위나라와 오나라의 협공으로 사로잡혀 죽게 됩니다. 그리고 형제의 복수를 위하여 유비가 오나라에 선전포고를 하고 이 전쟁을 준비하는 과정에서 221년 장비가 부하들에게 암살당하게 되죠.

그리고 나서 유비는 동생들의 복수를 하겠다고 오나라와 이릉에서 전투를 하다가 크게 패배한 뒤 병을 얻어 223년에 세상을 떠나게 됩니다. 결국 이들은 한 날 한 시에 같이 죽겠다는 도원의 맹세를 지키지 못했죠.

문제는 유비 · 관우 · 장비가 도원결의를 맺는 이야기는 정사에는 나오지 않는다는 점입니다. 왜 나오지 않을까요? 일단 이들이 정사에서는 크게 주목받지 않았던 인물이라서 그럴 수도 있겠지만, 어쩌면 모르는 사람과 의기투합하여 의형제를 맺는 사회적 풍속이 후한 말엽에는 흔하지 않았던 이유일 수도 있을 것입니다.

사실 모르는 사람을 우연히 만나 의기투합하고 의형제를 맺는 이런 문화는 한 곳에서 정착하여 살아가는 농경민족의 문화가 아니라 이곳 저곳을 돌아다니며 살아가는 유목 민족들의 문화라는 것을 알아야 합니다. 생각해 보세요. 마을 공동체가 그 자체로 자급자족 생활을 하는 농경 민족에게 있어서 외부인이 그 마을에 들어오는 경우는 소금 장수 같은 상인이 아니면 도적들 밖에 없습니다. 그래서 농경 민족들은 낯선 사람들에게 그다지 우호적이지 않습니다.

그러나 유목 민족들은 다릅니다. 이들은 양과 말을 데리고 좋은 풀을 찾아 이곳저곳을 돌아다녀야 합니다. 당연히 이동 과정에서 만나는 외부인을 통해 그 지역의 정보를 얻을 수 있고, 이들의 정보는 그 자체로 생존을 위한 힘이기 때문에 외부인과 맺는 네트워크가 대단히 중요한 것입니다.

역사 《삼국지》의 시대적 배경인 삼국시대에는 유목 민족들의 문화가 중원 지역에 전파될 일이 없었지만, 소설 《삼국연의》의 시대가 되면 이미 송나라와 원나라 때의 유목 민족들의 문화가 중국 사람들에게도 익숙해지고 이로 인해 의형제 문화가 보편화 된 것으로 볼 수 있습니다.

물론 정사를 보면 이들이 도원에서 의형제를 맺는 이벤트는 한 것은 아니지만, 세 사람이 형제처럼 가까웠음을 보여주는 기록들은 존재합니다.

> **선주(유비)가 평원상이 되자 관우와 장비를 별부사마로 삼고 부곡을 나누어 통솔하게 했다. 선주는 두 사람과 함께 잠자며 같은 침상을 썼고 은혜가 형제와 같았다.[10]**

《촉서》 〈관우전〉에는 위와 같은 기록이 존재하는데, 이러한 내용이 후에 이들 세 사람을 의형제로 맺어주는 역사적 근거가 되었을 것입니다. 무엇보다도 도원결의 이벤트는 역사의 조연을 소설의 주인공으로 만들기 위해 꼭 필요한 서사 장치가 되었다는 점을 강조하고 싶습니다.

비교적 일찍 두각을 나타낸 조조나 원소 등에 비해서 소설 속의 주인공 유비는 역사적으로는 먼 황실의 후손이라고는 하지만 아무런 벼슬도 없는 '듣보잡'이었으며, 장비와 관우 역시 출신이 불분명한 인물들이었기 때문에 이들 '듣보잡 삼형제'를 소설의 주인공으로 만들기 위해서는 이들이 모여 의형제를 맺는 화려한 이벤트가 필요했던 것이지요. 소설의 시작을 복숭아꽃 정원에서 의형제를 맺는 것으로 시작하다보니 자연스럽게 이들

10 진수 지음 · 김원중 옮김, 《正史 삼국지 · 촉서》(민음사, 2007), 143쪽

세 사람이 주인공으로 부상할 수 있게 되었고, 실제로 이들 셋은 20대 나이에 만나서 50대에 죽을 때까지 셋 중에 어느 누구도 서로를 배신하거나 해친 적이 없는 의리의 아이콘이 됩니다. 평범한 백성 출신임에도 서로 간의 의리를 끝까지 지켰던 이들의 모습에서 이야기를 듣는 청중들은 충성과 신의라는 키워드를 자연스럽게 떠올리게 되겠죠?

왜 하필 복숭아꽃 정원이었을까?

한 가지 재미있는 것은요. 이들이 의형제를 맺은 곳이 왜 하필 복숭아꽃이 피어있는 정원이었을까 하는 점입니다. 《삼국연의》를 보면 장비가 두 사람에게 이렇게 제안을 합니다.

> 마침 내 집 뒤에는 복숭아밭[桃園]이 딸린 작은 동산이 있는데, 꽃이 한창 만발하였소. 내일 동산에서 천지에 제사를 지내고, 우리 셋이 사생을 같이 할 의(義)를 맺은 뒤 큰 일을 시작하는 게 어떻겠소?[11]

근데 왜 하필 벚꽃도 아니고 매화도 아닌 복숭아꽃 정원인 도원일까요? 여러분 혹시 '무릉도원(武陵桃源)'이라는 말을 들어보셨나요? 유토피아라는 말은 들어봤죠? 현실에 존재하지 않는 지상낙원 같은 이상향을 가리

---

11 나관중 지음 · 이문열 평역, 《삼국지》 제1권 (민음사, 1988), 154쪽

키는 말이 유토피아인데요. 동양 사회에서 유토피아 같은 이상 세계를 가리키는 말이 바로 무릉도원이라는 표현이죠. 원래는 동진 시기의 도연명(陶淵明)이라는 문인이 쓴 〈도화원기(桃花源記)〉라는 글에서 유래한 말인데, 그 뒤로 중국에서 이상향을 상징하는 어휘가 되었죠.

그러니까 도원에서 의형제를 맺는다는 설정은 독자와 청중들로 하여금 화려한 복숭아꽃이라는 시각적 효과를 주는 것과 동시에 이들의 의형제 이벤트에 이상적이고 신화적인 색채를 덧칠하게 되는 서사적 효과도 노릴 수 있는 것이죠.

이들이 화려하게 의형제를 맺고 뛰어든 당시의 사회는 백성들에게는 '디스토피아', 즉 살아있는 지옥이라고 해도 될 만큼 혼란하고 가혹한 곳이었습니다. 후한 초기에 6천만 명에 달했던 인구가 백 여년 만에 2천3

백만으로 절반 이상이 줄어들었다는 것은 당시 얼마나 많은 질병과 굶주림, 그리고 전란의 공포가 횡행했었는지를 단적으로 말해주는 지표라고 할 수 있습니다. 백성들의 삶은 천 년 전의 삼국시대나 이야기를 듣고 있는 원나라 때나 크게 달라진 게 없어서 언제나 가혹한 세금과 요역, 그리고 전쟁과 질병, 기아의 공포가 그들을 기다리고 있습니다. 이들이 무거운 현실의 짐을 내려놓고 잠깐이나마 이야기 속에서 자신들의 로망을 이입하고 투영할 주인공들이 유비 · 관우 · 장비였다면 이들이 이상적인 세상에서 의형제를 맺고 지옥 같은 현실에서도 그 의리를 저버리지 않고 살아가는 모습이야말로 백성들에게는 그 자체로 이상적인 행복이었을 것입니다. 이러한 의미에서 소설의 작가는 중국의 이상세계인 도원에서 이들 평범한 젊은이들이 의형제를 맺고 세상의 역경을 헤쳐나가는 성장 스토리를 만들어 내었을 것입니다.

제6강
천하삼분지계는 제갈량의 작품인가?

이번 강의에서는 삼고초려(三顧草廬)와 '천하삼분지계'에 대해서 한번 이야기해볼까 합니다. 삼고초려(三顧草廬)라는 말은 한문을 잘 모르는 사람일지라도 웬만한 사람들은 다 들어서 아는 유명한 사자성어일 것입니다. 직역을 하자면 '초가집을 세 번 돌아본다'라는 뜻인데, 《삼국연의》에서 유비가 제갈량을 스카웃하기 위해서 세 번이나 그의 집을 찾아가 정성스럽게 그를 등용하였다는 이야기에서 유래한 말이죠. 출타를 하거나 낮잠을 자고 있는 제갈량에게 짜증나는 기색 없이 세 번이나 그의 집을 찾아가 가르침을 구하는 유비의 모습에 감동한 제갈량은 초야에 묻혀서 이름 없이 살겠다는 원래의 계획을 바꾸어 유비의 책사가 되기로 하고 세상에 나옵니다.

먼저 소설 《삼국연의》에서 삼고초려 이야기를 찾아보도록 하겠습니다. 관우와 장비 같은 무서운 장수들은 옆에 있지만, 이들이 더 효율적으로 싸울 수 있도록 전략을 세워줄 책사가 없는 것이 늘 아쉬움으로 마음에 남았던 유비는 우연히 서서(徐庶)라는 인재를 알게 되고 그의 신출귀몰한 전술을 통하여 무력에만 의존하지 않고도 전투에서 승리하는 법이 있음을 알게 됩니다. 그러나 서서는 어머니를 볼모로 잡은 조조로 인하여 얼마 안 있어 북방으로 떠날 수 밖에 없게 되고 유비와 이별하는 자리에서 자신보다 백배 더 뛰어난 인재가 있으니 꼭 찾아가라고 제갈량을 추천하고 떠납니다.

이에 유비는 와룡과 봉추 둘 중 하나만 얻어도 천하를 얻을 수 있다는 전설의 와룡선생을 만나기 위해 관우와 장비를 데리고 제갈량의 초가집을 몸소 찾아가죠. 그런데 갈 때마다 이상하게도 제갈량은 집에 없었습니다. 그렇게 두 번을 허탕을 치고 해를 넘긴 유비 일행은 세 번째로 제갈량을 찾아갑니다. 다행히 세 번째는 제갈량이 집에 있지만 낮잠을 자는 중이라는 동자의 말에 유비는 제갈량이 잠에서 깰 때까지 기다리죠. 물론 이 와중에 관우와 장비는 건방진 제갈량을 두들겨 깨우든지 집에 불을 질러서 끌고 나오겠다고 난리를 치지만 괜히 유비에게 호통만 듣게 되죠.

그러다가 결국 낮잠에서 깬 제갈량을 만나게 되고 유비는 그의 훤칠한 외모에 반하여 그에게 천하의 정세에 대해 묻게 됩니다. 그때 제갈량이 유비에게 들려준 천하의 정세와 미래의 대처 방안이 바로 천하삼분지계(天下三分之計), 즉 '천하를 셋으로 나누어 한 축으로 버틴다' 라는 대책입니다. 이 훌륭한 정세 분석을 듣고 감동한 유비는 눈물로 제갈량에게 함께 해줄 것을 호소하게 되고 제갈량은 결국 유비 진영에서 일하기로 승낙하게 됩니다.

그런데, 실제 역사 기록을 보면 이와는 다소 다른 기록들이 존재합니다. 일단 정사 《삼국지》에는 이렇게 자세한 삼고초려의 이야기는 실려있지 않고요. 《촉서》 〈제갈량전〉에 다음과 같은 간단한 내용만이 기록되어 있습니다.

> 서서가 선주에게 말했다. "제갈공명은 와룡입니다. 장군께서는 어찌하여 그를 쓰지 않으십니까?" 선주가 말했다. "그럼 그대가 데려오시오." 서서가 말했다. "이 사람은 가서 만나볼 수는 있으나 몸을 굽혀 오게 할 수는 없습니다. 장군께서 의당 몸을 낮추시고 방문하셔야 합니다." 이로 말미암아 마침내 선주가 제갈량을 방문했고 세 번 만에 만날 수 있었다.[12]

또한 훗날 제갈량이 북벌을 떠나면서 후주 유선에게 올렸던 편지인

---

12 진수 지음 · 김원중 옮김, 《正史 삼국지·촉서》(민음사, 2007), 110쪽

〈출사표〉에도 '(선주가) 스스로 몸을 낮추어 세 번이나 제 초가집을 찾아오셨다'라는 내용이 기록되어 있는 것으로 보아 삼고초려는 역사적으로도 실제 있었던 사실이라고 볼 수도 있을 것입니다.

그런가 하면 배송지가 주석에 인용한 위나라 역사책인 〈위략〉에는 유비가 제갈량을 찾아간 것이 아니라 그 전에 유비가 형주 북쪽의 신야성에 주둔하고 있을 때 제갈량이 찾아와 요즘 말로 호구 조사를 다시 하여 재정을 보충하는 계책을 알려주는 것으로 나옵니다.

촉지와 위략의 내용이 달라서 사실 어떤 것이 정확한 사실인지는 알 수 없습니다만, 우리가 한 가지 알아야 할 상징적인 의미가 있습니다. 중국 고대에 사용된 '3'이라는 숫자는 사실 정확히 세 번이라는 뜻이라기 보다는 여러 번이라는 의미를 강조하기 위해 사용하는 경우가 많았다는 점입니다. 즉, 삼고초려는 정확히 세 번을 찾아갔다는 뜻이라기 보다는 인재를 얻기 위해 자주 방문하였다라는 뜻으로 해석하는 것이 더욱 진실에 가깝다는 것입니다.[13]

아울러 삼고초려의 '삼고(三顧)'라는 말은 삼국시대 이전인 춘추전국시대와 진한 시기에도 사용되었던 말로서 고대 중국의 군주가 뛰어난 인재를 얻는데 있어서 예우를 갖추기 위하여 명령으로 불러오지 않고 몸소 여러 번 찾아가 예로서 초빙하는 행위를 미화하는 상징적인 의미를 가집니

---

13 김문경 지음, 《삼국지의 영광》(사계절, 2002), 22쪽

다. 이렇게 본다면 삼고초려란 말 그대로 유비가 제갈량의 집을 세 번 찾아갔다는 의미일 수도 있겠지만, 옛 전통에 따라서 귀한 인재를 정성껏 예를 갖추어 모셨다는 상징적인 의미를 가진다고 볼 수도 있을 것입니다.

이번에는 '천하삼분지계'에 대해 살펴보겠습니다. 천하삼분지계는 소설 《삼국연의》에서 제갈량의 명석한 지혜와 탁월한 정세분석을 드러내는 첫 번째 장면인데요. 정사 《삼국지》의 촉서 〈제갈량전〉에는 이렇게 기록되어 있습니다.

> 만약 형주, 익주를 타고 넘어 차지하여 그 험함에 기대고, 서쪽으로 여러 융족들과 화친하고 남쪽으로 이월(夷越)을 어루만지며 화목하고, 밖으로는 손권과 우호관계를 맺으며 안으로는 정치를 닦으면서, 천하에 변고가 있을 때 한명의 상장(上將)에게 명하여 형주의 군사를 이끌고 완(宛)과 낙양으로 향하게 하고 장군께서는 몸소 익주의 군사를 거느리고 진천으로 출병하신다면, 대나무 그릇에 담은 밥과 호리병의 국으로 장군을 영접하지 않을 백성이 감히 누가 있겠습니까? 실로 이처럼 한다면 가히 패업(霸業)이 이루어지고 한실(漢室)이 흥할 것입니다.[14]

제갈량의 형세 분석과 명쾌한 비전 제시에 감동받은 유비는 눈물을 펑

---

14 진수 지음 · 김원중 옮김, 《正史 삼국지·촉서》(민음사, 2007), 112쪽

펑 흘리며 자신을 도와줄 인재가 없음을 슬퍼하고 여기에 마음이 약해진 제갈량은 유비를 따라 나서게 되었죠.

그런데 천하를 셋으로 나누어 버티고 훗날 기회가 왔을 때 통일을 도모한다는 '천하 삼분'의 계책은 제갈량만의 전매특허라기 보다는 오랜 중국의 역사에서 혼란한 시기에 제시되었던 일반적인 전략이었습니다.

나라마다 시대마다 제각각 천하삼분지계가 있었다?

먼저 지난번 강의에서 원나라 때 백성들을 상대로 들려주었던《삼국지》 역사 이야기인《전상삼국지평화》라는 책이 있었다는 이야기를 했었죠? 이《삼국지》평화는《삼국지》의 주요 인물들이 모두 유방과 항우의 각축전을 이야기로 만든《초한지》에 나오는 등장인물들의 환생으로 시작된다는 이야기도 했었고요. 즉, 조조는 한신의 환생이고, 유비는 팽월의 환생이며, 손권은 영포의 환생인데요. 제갈량으로 태어난 사람이 바로《초한지》에서 한신에게 유방에게도 항우에게도 기울지 말고 제나라와 하북 일대를 차지하여 관중 지역의 유방과 초나라의 항우와 더불어 셋이서 천하를 삼분하여 버티면서 기회를 보아 큰 일을 도모하라고 권유해 준 괴철이라는 책사였던 것입니다.[15] 그러나 마음이 약했던

---

15 정원기 역주,《삼국지평화》(도서출판 청양, 2000), 71쪽

한신은 괴철의 계책을 받아들이지 않고 유방을 믿었다가 나중에 반역죄로 몰려 죽게 되었죠.

이처럼 천하를 셋이서 나누어 버틴다는 구상은 삼국시대 이전부터 존재해오던 일반적인 전략이라고 할 수 있습니다. 우리가 맨 첫 강의 때 삼국 이야기가 재미있는 이유에 대해 이런 말을 했었죠? 두 나라가 싸우는 것보다는 세 나라가 대치를 이루면 그 사이에 동맹이나 협공, 이간 등과 같은 다양한 형태의 전략 전술이 가능해지고 전쟁을 훨씬 다이나믹하게 만들 수 있다는 것을 말이죠.

《삼국지》에서도 이러한 천하 삼분의 전략은 제갈량 이전에 오나라의 감녕과 노숙, 주유로 이어지는 인재들이 손권에게 제시했던 전략이기도 합니다.[16] 이들은 천하를 북방의 조조와 형주의 유표, 그리고 강동의 손권이라는 세 개의 세력으로 정리한 뒤, 기회가 오면 형주와 익주를 병합하여 오나라를 강성하게 만들 수 있다는 구상을 세우는데요. 그 당시에 조조를 제외한 후발 세력의 인재들은 대부분 가지고 있었던 일반적인 정세 분석이었다고 말할 수 있습니다. 물론 천하 삼분의 계책 가운데는 제갈량의 계획이 가장 구체적이고도 포괄적이었지만, 따지고 보면 자신의 영지가 없이 이곳저곳을 떠돌던 유비 세력의 입장에서는 강력한 조조의 북방이나 이미 고착화된 강동을 근거지로 할 수는 없으니 그 외의 지역인 익주

---

16 易中天 지음/김성배·양휘웅 옮김, 《삼국지강의》(김영사, 2007), 341쪽

와 형주를 차지하는 방법 말고는 다른 대안이 없었겠죠.

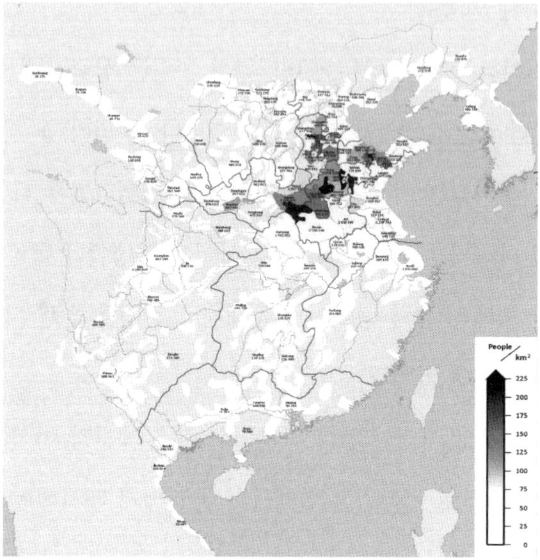

여기서 한 가지 우리가 인터넷에서 중국 지도를 보면서 착각하기 쉬운 실수 중에 하나가 중국 지도에 표시된 영토의 크기만을 가지고 그 나라의 국력을 판단한다는 점입니다. 그래서 장강 이북의 조조가 차지한 북방의 영토와 손권이 차지한 강동 지방, 유비가 차지한 익주와 형주가 크기에 있어서 거의 비슷해 보이기 때문에 천하를 정확히 삼분한 것으로 착각할 수 있는데요.

고대 사회에서 국가와 지역의 역량을 판단하는 가장 정확한 지표는 영토의 크기가 아니라 그 지역 내에 분포하는 인구의 많고 적음입니다. 왜냐하면 인구의 규모가 바로 그 지역과 국가의 세금과 노동력, 군사력을 결정하는 핵심 요소였기 때문입니다. 후한 시기만 하더라도 장강 이남의 강남은 북방에 비하여 개발이 잘 이루어지지 않았기 때문에, 하북 지방이나 중원 지역에 비하여 인구가 크게 적었습니다. 아울러 익주와 형주 역시 사천분지의 생산력으로 인하여 물산이 풍부하고 인구도 많았지만, 그 밖의 더 많은 지역이 척박한 지형으로 인구는 북방에 비해 현저히 적었습니다.

당시 조조는 하북의 원소를 평정하고 중국 전체 생산력의 60~70% 정도를 손에 넣은 셈이기 때문에 정확히는 남은 30~40%를 가지고 강동의 손권과 형주+익주의 주인이 될 자가 연합하여 버텨야 한다는 분석이 더 정확할 듯 합니다. 이마저도 천하 삼분의 핵심 지역인 형주를 관우가 지켜내지 못하게 되면서 제갈량의 원대한 계획은 수포로 돌아가게 되었지만요.

제7강
관우는 왜 역사와 소설에서 큰 차이를 보일까?

이번 강의에서는 정사 《삼국지》와 소설 《삼국연의》 사이에 매우 큰 차이를 보여주는 인물인 관우에 대해 이야기해 보도록 하겠습니다. 아마 《삼국지》를 잘 모르는 젊은 학생들도 유비 · 관우 · 장비 · 제갈량의 네 사람에 대해서는 들어봤을 것입니다. 혹은 《삼국지》 영웅들 가운데서 가장 좋아하는 캐릭터로 관우 혹은 조운을 대부분 꼽을 정도로 관우는 소설 《삼국연의》에서 문무를 겸비한 대단히 멋지고 위엄있는 존재로 등장합니다.

소설 뿐만이 아니죠. 게임 삼국지를 해본 사람들은 알겠지만, 관우는 높은 전투력과 함께 충성심이 100점 만점에 100점으로 절대 다른 주군의 스카웃에 넘어가지 않죠. 잠깐 조조에게 항복하여 그 밑에서 공을 세워준 적은 있었지만, 다시 유비에게로 돌아가 주군인 유비를 절대 배신하지 않았습니다.

그런데 소설 《삼국연의》 전체를 읽다보면 관우의 전투력은 마치 롤러

코스터를 타는 것처럼 종잡을 수 없는 모습을 보입니다. 극강의 전투력을 보이다가도 정말 중요한 전투에서는 허무하게 패배하여 죽고 마는 안타까운 모습을 보여줍니다.

소설《삼국연의》에서 관우의 화려한 데뷔전은 바로 화웅이라는 동탁의 장수를 단칼에 베어버리는 것으로 시작합니다. 그것도 조조가 따라준 술이 채 식기도 전에 가서 단칼에 베어버리고 돌아와 "여전히 술이 따뜻하군"이라는 명대사를 남기죠. 이렇게 여포와도 맞짱을 뜰 수 있었던 관우는 서주에서는 허무하게도 유비의 가족들마저 지키지 못하고 조조에게 항복하게 됩니다. 물론 유비의 가족들을 잘 돌봐준다는 조건과 유비의 행방이 확인되면 언제든 떠난다는 조건부 항복이긴 했지만, 그것은 소설에서 아름답게 각색한 것이고 전투에서 진 것은 역사적 사실이었죠.

그러다가 조조의 항장(降將)으로 관도(官渡)대전에 출전해서는 백마 전투에서 원소의 '원픽' 장수인 안량을 단칼에 베어버리고, 이어지는 연진 전투에서는 원소의 '투픽' 장수인 문추까지 죽여버립니다. 어디 그뿐인가요? 조조의 휘하에서 탈출하여 유비에게로 달려가는 장면에서는 그를 가로막는 다섯개의 관문을 돌파하며 이를 저지하는 여섯명의 장수들을 단칼에 날려버리죠. 유명한 '오관육참(五關六斬)' 이야기가 바로 이것이죠.

자, 이렇게 전쟁의 신(神) 같은 장수는 적벽대전에서 패하여 화용도로 도망치는 조조의 군대를 만나고 조조를 죽일 수 있었음에도 불구하고 이들을 보내줍니다. 만약 그때 관우가 화용도에서 조조를 베어버렸다면 이

후 벌어지는 《삼국지》의 역사가 아예 달라졌을텐데 말이죠. 어쩌면 제갈량의 계책처럼 관우의 군대가 바로 허도(許都)로 들어가 천자를 보호하고 한나라 황실의 부흥을 이루었을지도 모르지요.

유비가 촉 땅을 얻으러 가기 위해 가장 믿을만한 장수인 관우를 형주에 남겨두어 지키게 한 것은 어찌 보면 당연한 처사였을 것입니다. 형주가 있어야 사천에서 동쪽으로 나오는 출구가 확보될 것이니까요. 그리고 유비가 촉을 얻고 다시 한중을 차지하여 한중왕이 되었을 때, 관우는 조조의 군대를 연전연파하며 북상하는 큰 전과를 올립니다. 조조가 관우를 두려워하여 도읍을 북쪽으로 옮기려고 생각했을 정도니까요.[17]

이처럼 누구와 싸워도 지지 않았던 전투의 신 관우는 어쩌다가 촉나라의 국운이 걸린 형주를 지키지 못하고 오나라 군대에게 지고 말았을까요? 만약 유비와 제갈량이 형주를 떠나기 전 관우에게 당부했던 '조조와는 싸우고 손권과는 동맹하라'라는 원칙만 관우가 잘 지켰더라면 형주성을 오나라에 빼앗기지는 않았을 텐데 말이죠. 유비가 그나마 천하를 삼분하여 위나라에 대적하려면 중앙으로 진출할 형주라는 지역이 너무나 필요한 거점이었는데, 불사신 관우는 왜 적들에게 허무하게 지고 만 걸까요?

이처럼 소설 《삼국연의》만을 따라가다 보면 관우의 모습이 이상하리만치 미화되었다가 급전직하로 몰락하는 모습으로 그려지는 것을 알 수 있

17 진수 지음 · 김원중 옮김, 《正史 삼국지·촉서》(민음사, 2007), 147쪽

는데요. 역사 기록 속의 관우에 대해 살펴보면서 '팩트 체크'를 한번 해볼 필요가 있겠습니다.

일단 정사《삼국지》를 보면 촉서〈관우전〉의 기록이 의외로 짧다는 점에 크게 놀라게 됩니다. 촉한의 주인공 유비의 오른팔이자 제갈량과 어깨를 나란히 할만한《삼국지》의 최고 영웅임에도 불구하고 역사 기록의 분량은〈제갈량전〉의 20%에도 미치지 못합니다. 게다가 그에 대한 평가 역시 전투에 있어서는 1만명을 상대할 범 같이 무서운 장수였다는 좋은 평가들이 대부분이지만, 총평에서는 그의 성격에 대하여 비판적인 평가가 많습니다.

예를 들면 '관우는 병졸들은 잘 대해주었지만 사대부에게는 교만했고, 장비는 군자는 존경했지만 소인은 돌보지 않았다.'[18]라는 평가나 진수가 관우전의 마지막에 논평한 '관우는 유연하지 못하고 교만하여 이 단점 때문에 실패하게 되었으니 이치상 당연한 일이다.'[19]라고 평가한 것을 보면 그다지 좋은 평가는 아니라는 걸 느낄 수 있습니다.

사실 소설에서 관우의 전공은 다소 부풀려진 면이 있는데요. 관우의 화려한 데뷔전부터가 허구입니다. 즉, 관우가 죽인 화웅은 역사 기록에서는 손견이 죽인 걸로 되어있으니, 아예 술이 식기 전에 돌아와 따뜻한 술을 마셨다는 것은 있을 수도 없는 얘기죠. 또한 원소의 투픽 장수인 문추 역

---

18 진수 지음 · 김원중 옮김,《正史 삼국지·촉서》(민음사, 2007), 152쪽
19 위의 책, 162쪽

시 관우가 아니라 장료가 죽인 걸로 나옵니다. 당연히 오관육참 이야기는 아예 역사 기록에는 나오지도 않는 허구이고요.

역사 기록에 따르면 유비는 이긴 전투보다 진 전투가 훨씬 더 많은데요. 유비의 전투는 관우의 전투이기도 했으니 관우 역시 몇몇 임팩트 있는 일기토 이외에는 최대한 패배를 수습하며 버티는 역할을 수행했을 것으로 생각됩니다.

위의 역사서에 나오는 관우의 성품과 행동에 대한 평가가 사실에 부합할 가능성이 높은 이유는 형주에서의 패배를 불러온 원인이 관우의 오만함과 유연하지 못한 태도에서 비롯되었기 때문입니다.

형님의 처남을 개라고 부르는 오만함?

유비와 동맹 관계를 맺고 있던 손권은 유비와의 관계 강화를 위하여 자신의 여동생 손상향을 유비와 결혼시킵니다. 즉, 손권은 20살 가까이 나이가 많은 유비를 매부로 둔 셈이죠. 그런데 이 와중에 손권은 자신의 아들을 관우의 딸과 혼인시키자고 제안하는데요. 관우는 손권의 제안을 단칼에 거절해 버립니다.

거절하는 것은 그렇다 치더라도 손권의 사신에게 심한 욕설을 하면서 거절해버리죠. 거절의 대사는 "어찌 범의 딸을 개의 자식에게 줄 수 있겠는가!"라는 것이었죠. 여러분 어때요? '개의 자식'이란 말은 요즘 우리들도 잘 쓰는 욕이잖아요? 게다가 손권의 아들이 개자식이면 손권이 개라는 뜻인데, 그런 개새끼 집안과 결혼한 자신의 주군 유비는 또 뭐가 되겠습니까? 그러니까 이것은 자신에 대한 우월감이 지나쳐 자신의 주군마저 능멸하는 오만한 처사였던 것이죠.

그저 개인의 혼사를 거절하는 것이라면 별 문제가 안된다고 할 수도 있겠지만, 이렇게 모욕을 받은 손권이 관우에게 앙심을 품게 되고 형주를동맹의 대상이 아닌 타도의 대상으로 바꾸게 되는 계기가 된 점을 생각하면 관우의 이런 언행은 실로 《삼국지》의 역사를 바꿔놓은 어처구니 없는 언행이었음을 알 수 있죠.

더 심각한 것은 자신이 명성을 들어보지 못한 인재에 대해서는 철저하게 무시했다는 점입니다. 이것은 평소에 사대부들을 무시했던 그의 교만함과 경솔함이 만들어낸 비극인데요. 관우의 이러한 단점을 잘 파악하고 있던 오나라 총사령관 여몽은 거짓으로 병을 칭하고 자신의 자리를 아직 세상에 잘 알려지지 않은 젊은 육손(陸遜)이라는 사람에게 물려줍니다. 사실 육손의 집안은 오나라의 토착 귀족으로 이후 오나라를 이끌어가는 핵심 가문이 되는데요. 그때 까지만 해도 젊어서 이름이 나지 않았기 때문에 관우는 육손을 애송이라고 철저히 무시해버립니다.[20]

이로 인해 관우는 자신의 후방을 완전히 육손에게 노출한 채로 위나라를 공략하는, 즉 앞과 뒤에 동시에 적을 두는 엄청난 실수를 저지르게 됩니다. 결국 육손은 관우의 후방을 고립시킴으로써 관우는 형주를 모두 잃고 자신과 아들 관평이 오나라 장수에게 붙잡혀 죽게 되는 결과를 스스로 자초하게 된 것이죠.

즉 역사적 사실을 종합해보면 관우는 전투에 있어서는 최고의 경지였으며, 유비에 대한 충성과 의리 역시 후세에 길이 남을 미덕을 가졌지만, 남을 무시하는 태도와 경솔함으로 인해 촉한의 미래를 망쳐버린 치명적인 실수도 저질렀던 장수였음을 알 수 있습니다. 그렇다면 어쩌다가 이런 인물이 소설에서는 전투와 의리의 신처럼 만들어지고 후세에는 중국 사람들이 집집마다 모셔두고 섬기는 재물의 신으로까지 발전한 것일까요?

20 사실 그 당시 육손은 그다지 젊은 나이도 아니었고, 관우만 몰랐을 뿐 명성이 없는 인물도 아니었다. 적벽대전에서 대도독을 맡아 오나라를 승리로 이끌었던 주유가 불과 33살이었는데, 육손이 번성공방전에 참전했을 때는 이미 38살이었다. 또한 '오군사성(吳郡四姓)'이라 불리는 대가문의 대표였으며, 오나라 주변의 도적들과 반란군들을 진압하여 군사적 경험도 이미 충분했던 인물이었다.

그것은 아마 주인공 유비를 빛나게 하는 서사적 장치로서 관우를 높이기 위한 시도였을 것입니다.

역사의 '듣보잡'인 유비를 소설의 주인공으로 만들려면 뭔가 특별한 스토리텔링이 있어야 하는데, 그러한 작업은 유비 자신의 업적이나 품행을 미화하는 방법도 있지만, 주변에 너무나 대단한 인물들이 포진하고 있다는 스토리를 만드는 것도 좋은 방법이 되겠죠. 마치 한나라를 세운 유방 본인은 별 볼일 없는 건달이었지만 주변에 많은 인재가 보필함으로써 나라를 세운 것처럼 유비라는 인물 역시 뭔지는 모르지만 알 수 없는 매력이 있어서 주변에 훌륭한 인재들이 모인다는 서사죠. 즉, 관우 같은 절대 무장과 제갈량 같은 천재 책사가 그에게 절대적인 충성을 다하고 있는 걸 보면 이 유비라는 인물은 뭔가 알 수 없는 능력이 있는 거야. 이렇게 독자들을 이끌어 가는 것이죠. 그러기 위해서는 먼저 관우와 제갈량을 신격화하여 대단한 존재로 만들고 이를 통해 이들을 거느리는 유비가 함께 대단한 인물로 동반 상승하게 되는 것이죠.

물론 관우와 제갈량은 역사적으로도 충분히 대단한 영웅이자 충신이었던 점은 부인할 수 없습니다만, 동시에 관우가 형주를 잃어버림으로써 촉한의 '천하삼분' 계책도 끝나버렸다는 것 역시 부인할 수 없는 사실입니다.

제8강
제갈량은 과연 신출귀몰한 지략가였을까?

이번 강의에서는 소설 《삼국연의》에서 미래를 꿰뚫어보고 하늘의 날씨도 바꿔버리는 사기 캐릭터인 제갈량에 대해서 살펴보도록 하겠습니다. 과연 그는 신과 같은 사람이었는지, 역사 기록에 나타나는 그의 진정한 모습은 어떠했는지 알아보겠습니다. 그전에 어떤 학생이 이런 질문을 하더군요. 제갈량과 제갈공명은 같은 사람인가요? 조조와 조맹덕은요? 조운과 조자룡도 같은 사람인가요? 그럼 왜 복잡하게 이름을 두 개씩이나 만들어 부르는 건가요?

네. 이 질문은 무척 재미있고 유익한 질문이라서 여러분들께 설명을 드리고 넘어가도록 하겠습니다. 고대의 중국인에게는 이름이 두 종류가 있었습니다. 하나는 명(名)이라고 하는 것이구요 다른 하나는 자(字)라고 불리는 것입니다. 현대 중국어로 '이름'을 '밍쯔(名字)'라고 하는데 이것은 고대의 명(名)과 자(字)를 합쳐서 부르는 것으로, 오늘날 중국인들은 자를 쓰지 않아서 명만 남게 된 것입니다.

고대 중국인들의 의식 속에 이름이란 두 가지의 모순적인 기능을 가지는 것으로 인식되었습니다. 하나는 자신의 정체성을 담고 있는 비밀 코드 같은 것이고요. 또 하나는 남과 소통하기 위해 부르는 호칭으로서의 이름입니다. 비밀 코드는 자신만 알고 가급적 부르지 않아야겠죠? 이런 목적으로 지은 것이 명(名)이고, 이와 동시에 남들과 서로서로 부르기 위한 이름이 있어야 하니까 이런 목적으로 지은 것이 자(字)입니다. 그러니까 고대 중국인들은 임금이나 부모님, 스승님 같은 높은 서열의 존재를 제외하고는 나의 이름을 부르는 일이 거의 없었습니다. 만약 누군가가 내 이름[名]을 불렀다면 그것은 나를 모욕하는 것이거나 싸우자는 의미가 됩니다.

중국 고대의 귀신 이야기 가운데는 뒤에서 누군가가 자신의 이름을 불렀는데, 대답하며 돌아보는 순간 그 귀신에게 잡혀가게 되었다는 식의 이야기가 전해지는데요. 이런 이야기가 상징하는 것은 고대 중국인들에게 이름[名]이란 자신의 정체성이나 목숨과도 다름없는 것으로 잘 지키고 숨겨야 하는 비밀 코드 같은 것이었음을 말해주는 내용이죠. 그렇다면 남의 이름[名]은 함부로 부를 수 없으니 누군가를 부르고 서로 소통해야 할 때 부르는 이름이 따로 있어야겠죠? 그것이 바로 자(字)라는 것입니다. 간단히 말하자면 명[名]이 '시크릿 네임'이라면 자(字)는 '퍼블릭 네임'이라고 할 수 있을까요?

다시 《삼국연의》로 돌아가 볼까요? 누군가가 제갈량을 '량아!' 라고 불렀다면 어떻게 될까요? 만약 그의 스승님이나 부모님이 그리 불렀다면 문제가 없지만 관우가 만약 제갈량에게 '제갈량!' 이렇게 불렀다면 그는 이제 제갈량과 척 지기로 맘 먹고 한판 붙자는 뜻이 됩니다. 그러므로 서로의 이름을 부르고 싶을 때는 명(名)이 아닌 자(字)로 부르는 경우가 훨씬 많았으므로 작품을 보면 제갈량이라고 부르는 경우는 거의 없고 공명선생 혹은 제갈공명이라고 부르는 경우가 훨씬 더 많다는 것을 알 수 있을 것입니다. 심지어는 나이가 20살 가까이 많고 주군과 신하의 관계였던 유비와 조운 역시 유비가 그를 '자룡'이라고 불러줄 정도니까 그 당시에 사람의 이름[名]을 부르는 일은 거의 없었음을 알 수 있습니다.

이제 다시 제갈량, 즉 공명선생에 대한 이야기로 돌아가 보겠습니다. 제갈량은 중국인들에게는 다양한 모습으로 인식되어 있습니다. 끝까지 유비를 보좌한 것도 모자라 그의 아들 유선까지도 보좌하면서 유비와의 약속을 지켜낸 충신의 대명사로 알려져 있는가 하면, 적벽대전에서 바람의 방향을 바꾸어 동남풍을 불게 만든 마법사의 이미지도 가지고 있습니다. 그런가하면 친구인 방통의 죽음을 예견하는 예언가의 모습도 보이는가 하면, 죽어서도 라이벌 사마의를 막아내어 죽은 공명이 산 중달을 쫓아내었다는 유명한 속담을 만들어내기도 했죠.

제갈량의 신출귀몰한 전략과 따뜻한 품성이 최대한 잘 드러난 이야기를 꼽으라면 아마 남만의 맹획을 일곱 번이나 사로잡았다가 풀어주어 결국은 마음으로 복종하게 했다는 '칠종칠금(七縱七擒)' 이야기를 꼽을 수 있을 겁니다.

이때는 유비가 백제성에서 죽은 지 2년이 지난 뒤인데요. 유비는 죽어가는 자리에서 제갈량의 손을 붙잡고 이렇게 당부합니다. "내 아들이 많이 부족한데, 당신이 보좌할 만 하면 잘 도와서 정치를 할 수 있게 해주고, 영 모자라다 싶으면 내 아들 대신 당신이 황제가 되시오. 해서 내가 못다 이룬 한나라 황실 부흥의 꿈을 꼭 이뤄주시오."

이렇게 제갈량은 촉한을 책임지는 승상이 되어 유비의 꿈인 북벌을 통한 장안(長安) 수복과 이를 통한 한나라 황실 부흥의 계획을 준비하게 됩니다. 그 첫 번째 단계로 먼저 후방에서 자신들의 뒤통수를 칠 수도 있는 세력들을 정벌하기 위하여 오늘날의 운남성과 태국 베트남 지역에 해당하는 남만 지역을 평정하러 출정을 하게 됩니다. 그런데 이곳 사람들은 고대부터 지금까지 민족의식이 강해서 아무리 외부의 적이 강하더라도 굴

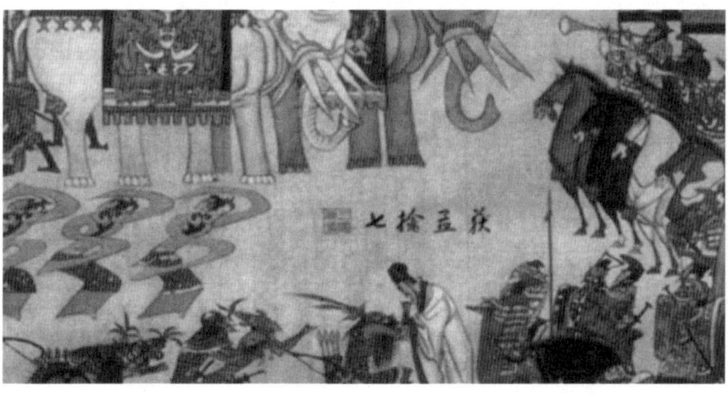

복하는 법이 없습니다. 미국이 결국 베트남의 끈질긴 저항을 당해내지 못하고 전쟁을 포기한 채 철수했듯이 이곳 사람들은 외부의 침략에 끝까지 저항하는 강한 정신력을 가지고 있었습니다.

그래서 제갈량은 '이들을 마음으로 복종시키지 않으면 언제든 기회가 되면 우리의 후방을 치겠구나' 라고 생각하고 이들을 무력으로 굴복시키는 것을 넘어 그들 스스로가 촉나라를 마음으로 인정하고 받아들일 수 있도록 그 곳의 족장인 맹획을 다양한 전략을 써서 사로잡고는 마음으로 인정하지 못하겠다면 다시 풀어주기를 반복합니다.

결국 어떻게 해도 제갈량을 당해낼 수 없었던 맹획은 일곱 번째에는 제갈량의 신출귀몰한 전략과 따뜻한 마음씨에 감복하여 진심으로 항복하고 촉에 귀순하게 됩니다. 제갈량은 이에 이 땅에 촉나라의 관리를 파견하지 않고 맹획을 그대로 백성들을 통치하게 하는 지역 자치를 허용해줍니다. 이것이 바로 제갈량의 신출귀몰한 전략과 인간적인 마음씨를 동시에 보여주는 남만 정벌의 '칠종칠금' 이야기의 전말입니다.

그런데 이토록 멋진 이야기는 진수의 정사 《삼국지》에는 나오지 않고 다만 배송지의 주석으로만 등장합니다.[21] 촉서 〈제갈량전〉에는 이렇게 짧게 기록되어 있을 뿐입니다.

---

21 진수 지음·김원중 옮김, 《正史 삼국지·촉서》(민음사, 2007), 137쪽

225년 봄 제갈량이 군대를 이끌고 남쪽으로 정벌하러 나서 이 해 가을 모두 평정하였다. 새로 평정한 여러 군에서 군수물자가 나오므로 나라가 풍요로워졌다.[22]

사실 정사 《삼국지》에서 제갈량은 매우 비중있게 다루어진 인물입니다. 정사 《삼국지》에서 황제들을 제외하고 단독으로 입전(立傳)된 인물은 제갈량과 육손 뿐이라는 것만 보아도 역사가 진수가 제갈량과 육손을 얼마나 대단한 인물로 보고 있는지를 말해줍니다. 주유나 순욱 같은 비중있는 책사들 조차도 〈주유 · 노숙 · 여몽전〉이나 〈순욱 · 순유 · 가후전〉이라는 패키지로 묶여있으며, 관우나 조운도 〈관장마황조전〉의 다섯 명 세트로 기록되어 있는데, 제갈량과 육손만이 황제들처럼 단독으로 〈제갈량전〉과 〈육손전〉으로 기록되어 있다는 것이죠.

'칠종칠금' 이야기에 숨어있는 이데올로기는?

〈제갈량전〉의 분량 역시 정사 《삼국지》에서 세 번째로 긴데요. 진수는 〈제갈량전〉 본문에 11,722자를 사용했으며 마지막 평왈(平曰)에서는 1,000여자로 제갈량을 평했는데요. 이는 유비의 일대기인 〈선주전〉보다도 많은 양이고, 정사 《삼국지》에서 〈제갈량전〉보다 분량이 많은 사람은

---

22 위의 책, 119쪽

위나라의 〈무제기〉와 〈문제기〉 정도 뿐인 것을 보면 매우 상세하게 제갈량에 관한 내용을 기록하고 있음을 알 수 있습니다. 이렇게 본다면 만약 제갈량의 '칠종칠금' 이야기가 역사적 근거가 있었다면 제갈량전에 기록하지 않았을 리가 없었겠죠?

그런데 여러분 아까 그 기록을 다시 생각해봅시다. 봄에 출발하여 가을에 모두 평정하였다는 기록 말입니다. 당시 촉나라의 수도였던 성도(成都)에서 운남성 국경까지는 도보로 행군하는데만 반년은 족히 걸릴 먼 거리입니다. 그렇다면 봄에 군대를 이끌고 원정을 갔으면 도착하면 가을인데, 어느 세월에 전투를 합니까? 그리고 전투라는게 짧아도 며칠, 길면 몇 달 이상이 걸리는데, 어느 시간에 일곱 번을 잡았다가 풀어줄 수 있습니까? 제대로 일곱 번 잡았다가 풀어주려면 짧아도 몇 달, 길면 몇 년은 걸릴텐데요. 그러니까 이 칠종칠금 이야기는 허구일 가능성이 농후한 이야기라는 거죠.

자, 그렇다면 왜 있지도 않은 이야기를 소설에서는 만들어 내었을까요?

한 가지는 바로 제갈량의 신격화를 통한 주인공의 우상화를 생각할 수 있겠죠. 앞서 살펴본 관우와 마찬가지로 제갈량을 신적인 존재로 만들면 그것을 통해 소설의 주인공인 유비가 덩달아 높아지는 서사 장치인 것이죠. 결국 유비는 싸움의 신인 관우와 전략의 신인 제갈량을 보유한 무한 매력의 지도가가 되는 셈이니까요.

또 한 가지 '칠종칠금' 이야기에는 보이지 않는 중화주의(中華主義)의 그늘이 드리워져 있다는 것을 알아야 합니다. 즉 변방의 민족들을 무력이 아닌 덕으로 교화한다는 중국의 문화 정책이 행간에 숨어있는 것이죠. 오늘날에도 동남아 일대에서는 제갈량을 신으로 모시는 사당이 매우 많습니다. 마치 우리나라에도 관우 사당이 여기저기 있듯이 제갈량은 동남아 사람들에게는 재물과 지혜를 가져다 주는 신이 되어버린 것입니다. 제갈량이 노수(瀘水)를 건너기 위해 사람 머리를 잘라 제사를 지내야 한다는 원주민들의 말을 무시하고 '사람을 살리기 위해 사람을 죽여 제사를 지낸다면 무슨 의미가 있는가?'라고 꾸짖으며, 사람 머리 대신 머리 모양의 밀가루 떡으로 제사를 지냈다는 인간적인 이야기는 오늘날 '만두(饅頭)'의 기원이 되어 제갈량에 대한 미담의 하나로 전해지고 있죠.

사실 중국의 변방 정책은 오랑캐를 이용하여 다른 오랑캐를 통제하는 '이이제이(以夷制夷)' 정책이 대표적인 변방 전략인데요. 이러한 '칠종칠금'의 이야기가 사람들에게 전해지면서 중국인들 뿐 아니라 우리나라나 동남아 사람들까지 제갈량으로 대표되는 중국의 대외정책이 문화적이고 인간적이라는 생각을 나도 모르게 가지게 되죠. 이것이 바로 '서사 이데올로기의 힘'인 것입니다.

물론 역사 소설이라는 것이 팩트를 기반으로 하되 거기에 재미라는 요소를 위해 허구를 가미하는 것이기 때문에, '이게 정말 역사적 사실이야?' 라고 확인해보는 작업도 필요하겠지만, 한편으로는 소설이나 드라마 그 자체의 문법에 충실하게 몰입해서 감상하고 즐기는 것도 좋을 것 같습니다.

제3장

《삼국지》를 통해 만나는 과학과 문화

〈제9강〉 관우는 청룡언월도를 휘두를 수 있었을까?

〈제10강〉 적토마의 수명과 능력에 관한 오해

〈제11강〉 관우는 어쩌다 재물의 신이 되었나?

〈제12강〉 삼국시대에는 인재를 어떻게 영입했을까?

제9강
관우는 청룡언월도를 휘두를 수 있었을까?

이번 강의에서는 소설 《삼국연의》에 나오는 유명한 무기 이야기를 한 번 나눠보겠습니다. 《삼국지》를 좋아하는 사람들 가운데 '밀리터리 덕후'들은 《삼국지》에 나오는 누가 들었던 무슨 무기가 가장 센지, 그걸 들고 다니는게 가능한 얘기인지 아닌지 이런 논란들이 많은데요. 일단 《삼국지》에 나오는 유명한 장수들은 스스로를 상징하는 자신만의 시그니처 무기들이 있죠? 예를 들어 여포에게는 '방천화극'이라는 창이 있고, 조조는 '의천검'을 지녔으며, 장비는 '장팔사모'라는 긴 창을 가지고 다녔습니다. 그런데 뭐니 뭐니 해도 《삼국연의》에서 가장 유명한 무기를 꼽으라면 관우가 평생 지니고 다녔다는 '청룡언월도'를 꼽을 수 있을 것입니다. 물론 정사 《삼국지》에서는 일개 장수들이 무슨 무기를 들고 다녔는지까지는 기록되어 있지 않으므로 청룡언월도라는 무기는 역사 기록으로 남아있는 것이 아니라 소설 《삼국연의》에 처음으로 등장한 무기라는 것을 말씀드립니다.

일단 청룡언월도 이야기를 하기 전에 학생들이 종종 묻는 질문인 '도(刀)'와 '검(劍)'의 차이에 대해 알아보겠습니다. 우리는 그냥 칼이라고 하고 창이라고 하지만, 그 생김새나 용도에 따라 칼도 여러 종류가 있고 창도 여러 가지 명칭이 있습니다. 일단 무기로 사용되는 도와 검의 차이를 알아보는데 가장 손쉬운 방법은 김용이라는 유명한 중국 무협소설 작가가 쓴 〈의천도룡기〉라는 드라마를 보면 두 가지 무기의 대비가 가장 잘 나타나 있습니다. 제목 자체가 두 개의 무기에서 따온 것인데요. 두 가지를 가지면 천하를 호령할 수 있다는 '의천검(倚天劍)'과 '도룡도(屠龍刀)'를 줄여서 만든 제목이기 때문이죠.

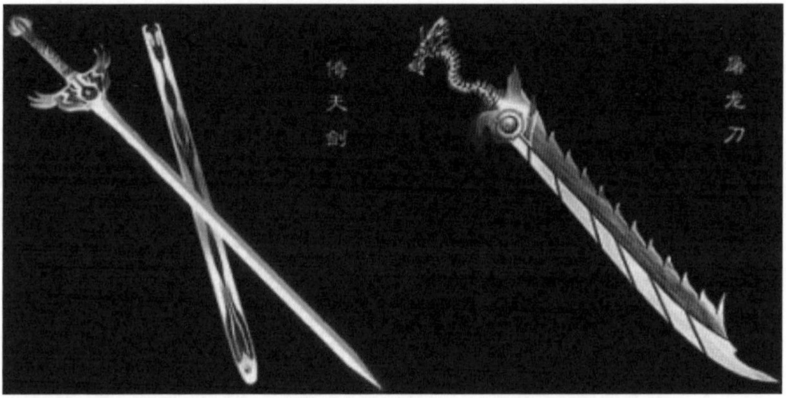

위 사진은 의천검과 도룡도의 이미지인데요. 날이 두껍고 한 쪽만 날카로운 것이 '도'이구요. 양쪽이 모두 칼날이고 가늘게 만들어진 것이 '검'입니다. 그래서 검은 한 손으로 휘두르며 상대를 찌르거나 베는데 주로 사용되지만, 도는 양손으로 잡고 휘두르는 무게 자체의 힘으로 상대를 치는데 주로 사용되죠.

우리가 과학 시간에 배웠듯이 파워라는 것은 질량과 가속도의 결합으로 만들어지는 것이죠? 그렇다면 무기의 살상력을 높이려면 어떻게 해야 할까요? 질량이나 가속도 둘 중 하나를 높일수록 살상력은 높아진다는 결론이 나오겠죠? 이 가운데 도는 질량을 높여서 위력을 키우는 종류이고, 검은 속도를 높여서 위력을 발휘하게 하는 종류라고 생각하면 될 것 같습니다. 그런데 여기서 한 가지, 옆에 있는 도룡도의 무게를 높일수록 위력이 세진다고 해서 한 없이 무게를 늘릴 수 있는 것일까요? 네. 그건 불가능하겠죠? 도룡도가 너무 무거워서 그걸 들지도 못한다거나 들더라도 휘두를 때 무리가 간다면 오히려 가속도를 줄이는 셈이 되어 위력은 오히려 줄어들겠죠? 그래서 결론은 이 도룡도를 사용하는 사람의 힘이 무기를 휘두를 때 어느 정도의 속도를 내줄 수 있느냐가 관건이 되겠죠?

이제 다시 관우의 청룡언월도 이야기로 돌아가 보겠습니다. 소설《삼국연의》를 보면 유비 · 관우 · 장비가 의형제를 맺은 뒤 마을 대장간으로 가서 각자 자신에게 맞는 무기를 만드는 장면이 나옵니다. 유비는 쌍고검을 만들고, 장비는 장팔사모라는 창을 만듭니다. 장팔사모라는 이름은 길이가 일장 팔척이고 모양이 뱀처럼 구불구불한 창이라는 뜻입니다. 저 시대에 일장 팔척의 길이라면 오늘날 단위로 환산하면 3미터가 훨씬 넘는데 과연 그렇게 길고 무거운 창을 들고 싸웠을지는 의문입니다.

청룡언월도는 옆에 사진에서 보이듯이 청룡이 장식된 언월도입니다. '엥? 저건 창이 아닌가요? 왜 도를 저렇게 창처럼 길게 만들었나요?' 라고 질문할 수 있겠죠? 일단 언월(偃月)이라는 한자가 반달을 가리키는 말이므로 언월도는 반달 모양으로 날이 휘어진 칼을 뜻하는 말입니다. 그런데, 앞에서 도와 검의 차이에 대해 알아보면서 검은 비교적 가벼워서 한 손으로 잡고 찌르거나 베는데 사용되는데 반하여, 도는 무거워서 양손으로 붙잡고 무게를 이용해 상대방을 치거나 때리는데 사용하는 것이라고 얘기했는데요. 보병이나 협객이 주로 사용하는 손잡이 대신 긴 장대를 연결하면 어떻게 될까요? 그럼 먼 거리에 있는 상대를 공격하기 쉬워지므로 대개 말을 탄 기사나 기병들이 사용하는 창처럼 말을 탄 상태로 말의 스피드를 이용하여 달려가면서 상대에게 휘두른다면 큰 살상력을 만들어낼 수 있겠죠?

자, 이제 관우가 소설 속에서 들고 다니며 싸웠다는 청룡언월도에 대해 역사적인 고증을 해보겠습니다. 일단 화려하고 위협적인 비주얼과 달리 실제 역사에서 관우가 청룡언월도를 들고 싸웠을 가능성은 제로에 가깝습니다. 일단 정사 《삼국지》 기록 가운데 관우의 무기에 대한 기록은 없지만, 관우가 잠시 조조 밑에 있을 때 관도대전에 참여하여 안량을 죽이는 내용에 관한 기록이 있습니다.

말에 채찍질을 하여 만 명의 대군 속에 있는 안량을 찌르고 그 머리를 베어

돌아왔다.[23]

위의 기록에서 '찌르고' 라는 표현에 주목해봐야 합니다. 말을 타고 달려가 찔렀다면 이것은 창으로 찔렀을 가능성이 큽니다. 왜냐하면 도는 찌른다고 하지 않고 휘둘러서 벤다고 하는 표현을 쓰기 때문이죠.

또 한 가지 역사적으로 언월도라는 무기는 서역과의 왕래가 빈번해진 당나라 이후에 등장한 무기이기 때문에 후한 시기 전투에서 관우가 언월도를 사용할 수는 없습니다. 아마도 관우는 말을 타고 싸우는데 적합한 창 종류를 무기로 사용했을 가능성이 크다고 할 수 있습니다.

이번에는 소설 《삼국연의》에 나오는 청룡언월도의 무게와 수명에 관하

23 진수 지음 · 김원중 옮김, 《正史삼국지·촉서》(민음사, 2007), 144쪽

여 얘기해 보죠. 나관중의 《삼국연의》에 보면 대장장이에게 82근짜리 언월도를 주문하는 걸로 나오는데요. 나중에 한 만화에서는 대장장이가 8.2근으로 알아들었다가 관우가 82근이라고 다시 말하는 것을 듣고 소스라치게 놀라는 장면이 그려지기도 합니다. 82근이라면 오늘날 기준으로 고기 한 근이 600g이니까 49.2kg입니다. 어떤 연구에 따르면 한나라 때의 한 근은 250g이었으니까 청룡언월도의 무게는 20.5kg이라고 주장하는 사람도 있죠.[24] 그런데, 49키로든 20키로든 실전용 무기로는 너무 무거운 칼이라는 것입니다. 최소한 언월도를 가지고 적을 베려면 말을 탄 채로 이 칼을 자유롭게 휘두를 수 있어야 하는데, 힘이 아무리 장사라 하더라도 20키로짜리 바벨을 젓가락 휘두르듯이 자유자재로 컨트롤할 수는 없으니까요.

청룡언월도는 실전용 무기가 될 수 없다

그런데 왜 하필 소설에서는 언월도의 무게를 80근도 아니고 82근이라고 정확히 명시했을까요? 그것은 아마도 《삼국지》에서 조조의 호위대장으로 등장하는 전위가 80근짜리 쌍철극을 들고 있었다는 정사의 기록을 의식한 것으로 보입니다.[25] 아마도 이 쌍철극은 실전용이라기 보다는

---

24 김태호·이정모, 《삼국지 사이언스》(휘슬러, 2004), 53쪽
25 진수 지음 · 김원중 옮김, 《正史 삼국지·위서2》(민음사, 2007), 143쪽

의전용이나 적들을 위협하기 위한 과시용으로 사용된 것으로 보입니다. 사실 실제로 관우가 사용한 것도 아닌데 청룡언월도의 무게가 40kg인지 20kg인지를 따지는 것도 웃기기는 하지만, 실제 전투에서 사용된 창과 칼의 무게가 3kg를 넘지 않았음을 따져보면 소설에서 관우나 전위의 무기를 지나치게 무겁게 묘사하고 있는 것은 이들의 덩치가 일반인보다 크고 힘이 장사였음을 묘사하는 일종의 과장법의 하나로 생각하면 될 것 같습니다.

실제로 소설《삼국연의》에서 창을 가장 잘 쓰는 사람은 관우도 장비도 아닌 조운입니다. 우리 속담에 '조자룡 헌 창 쓰듯 한다'라는 말이 있죠? 어떤 물건을 매우 능숙하게 다루는 사람을 가리켜 일컫는 속담이죠. 그런데 조운도《삼국연의》에서 그가 썼던 창이 뭐였는지 무게가 얼마나 무거웠는지는 나오지 않습니다. 즉, 싸움의 실력은 스피드와 기술이 얼마나 뛰어난지가 중요한 것이지 무기의 무게가 얼마나 무거운지는 중요한 것이 아니니까요.

또 한 가지 청룡언월도의 별명으로 '냉염거(冷艷鋸)'라는 이름이 붙어있는데요. 이 뜻은 직역해보면 '차갑고 화려한 톱'이라는 뜻입니다. 이런 이름은 어떻게 유래했나면요. 차가운 설원에서 적들의 목을 베면 언월도의 칼날에 묻은 피가 다시 얼어서 칼날이 마치 얼음 톱날처럼 보이는 데서 붙은 이름입니다. 사실 칼과 창 같은 무기는 추위에 얼기도 하고 피나 물 같은 것이 묻어 녹슬기도 하고 상대방의 병장기와 부딪쳐 이가 빠지기도 하는 등 쉽게 마모되기 때문에 수명이 그다지 길지 않습니다.

그런데 소설 《삼국연의》를 보면 의형제를 맺을 당시 관우가 27세였는데, 그때 대장간에 가서 청룡언월도를 제작하여 죽을 때까지 사용하고 심지어는 관우가 죽은 뒤 오나라 장수 반장이 관우의 청룡언월도를 상으로 받았다가 다시 관우의 아들 관흥이 반장을 죽이고 되찾아와서 사용하는 것으로 되어있죠. 그러니까 관우가 죽을 때까지만 사용했다고 쳐도 57세에 죽었으니 30년을 같은 무기를 썼다는 얘기인데, 이건 불가능한 이야기입니다. 그러니까 소설에서 강한 임팩트 효과를 주기 위해 초중량의 청룡언월도를 만들었다 하더라도 이는 전투의 시작과 끝부분에 의전용으로 들고 다녔을 것이고, 실제 전투가 벌어지면 자주 바꿔서 사용할 수 있는 일반적인 대도나 창을 사용했다고 보는 것이 실제에 가장 부합할 것으로 생각됩니다.

제10강
적토마의 수명과 능력에 관한 오해

이번 강의에서는 소설 《삼국연의》에 나오는 유명한 동물이죠? 적토마에 대한 이야기를 나눠보도록 하겠습니다. 먼저 '적토마(赤菟馬)'의 뜻은 무엇이냐면 털색이 빨갛고 호랑이와 같이 용맹한 말이라는 뜻입니다. 일설에는 '적토마(赤免馬)'라고 표기하여 토끼처럼 빠른 말이라고 주장하기도 하는데, 웬만한 말들은 원래 토끼보다 빠르기 때문에 굳이 빠른 말을 토끼에 비유할 필요는 없을 것 같습니다. '토(菟)'라는 글자에는 호랑이라는 뜻이 있기 때문에 이 말이 호랑이처럼 용맹하고 튼튼하다는 것을 나타내는 이름이라고 생각하는 것이 합리적일 것 같습니다.

소설 《삼국연의》에는 유명한 말이 몇 마리 등장하는데요. 조조가 탔다는 '조황비전'과 유비가 탔던 '적로'도 있지만 가장 많은 영웅들을 거쳐간 말로는 역시 적토마를 꼽을 수 밖에 없겠죠? 정사 《삼국지》의 〈여포전〉을 보면 '여포는 적토라고 불리는 좋은 말을 한 필 가지고 있었다'라는 기록이 있는데, 배송지는 여기에 주석을 붙여 "당시 사람들은 '사람 중에서 용장으로는 여포가 있고, 말 가운데 명마로는 적토가 있다'라고 하였다" 라는 기록을 덧붙였습니다.[26] 또한 《후한서》 〈유언원술여포열전〉의 기록을 보면 '여포는 언제나 적토라고 하는 좋은 말을 탔는데 능히 성을 질주하고 웅덩이를 뛰어넘었다.'라고 적혀있습니다. 웬만한 사람도 기록되기 어려운 정사에 말의 이름이 등장한 것으로 보아 당시 여포가 타고 다녔던 적토마라는 말은 매우 유명한 말이었음을 알 수 있습니다.

이번에는 소설 《삼국연의》의 적토마 관련 이야기를 찾아보도록 하죠. 적토마가 처음 등장한 것은 동탁이 당시 정원의 양아들이던 여포를 자신의 수하로 영입하기 위해 적토마를 선물로 주었다는 내용부터입니다. 적

26 진수 지음 · 김원중 옮김, 《正史 삼국지·위서1》(민음사, 2007), 333쪽

토마를 선물로 받은 여포는 자신의 의부인 정원을 죽이고 동탁의 양아들이 되죠. 그러다가 유명한 초선의 연환계로 인하여 동탁과 갈등이 생기게 되고 결국 동탁을 죽이게 됩니다. 후에 여포는 유비에게서 서주성을 빼앗아 한동안 군림하였다가 조조에게 패한 뒤 죽게 되죠.

여포가 죽으면서 그가 탔던 적토마는 조조의 소유가 됩니다. 얼마 후 관우가 유비의 식솔들을 데리고 조조에게 항복한 뒤 조조는 관우의 환심을 사기 위해 온갖 보물과 미녀들을 선물로 내리지만 관우의 마음을 얻지 못합니다. 그러다가 이 적토마를 관우에게 선물하자 관우는 몹시 기뻐하며 조조에게 이렇게 대답하죠.

> 듣자하니 이 적토마는 하루에 천리를 간다고 들었습니다. 이제 다행히 이 말을 얻었으니 만약 형님이 계신 곳을 알게 되면 하루로 달려가 뵈올 수 있을 것입니다. 어찌 승상께 감사드리지 않을 수 있겠습니까?[27]

조조는 이 말을 듣고 적토마를 선물한 것을 후회하지만 이미 엎질러진 물이었죠. 어쨌든 적토마를 얻은 관우는 그야말로 물 만난 고기처럼 전장을 누비고 다닙니다. 조조가 관우에게 적토마를 선물하게 된 계기가 관우의 말이 너무 말라보여서였죠? 관우가 대답하기를 "제가 너무 크고 무겁

---

27 나관중 지음 · 이문열 평역, 《삼국지》 제4권 (민음사, 1988), 64쪽

다보니 말이 저를 잘 버티지 못하나 봅니다."라고 말한 것으로 보아 관우의 말은 덩치가 비교적 작은 말이었던 것 같습니다. 관우의 몸무게는 기록에 없지만 키가 8척이었다고 하니 요즘 단위로 2미터에 육박하는 거구였으므로 몸무게도 제법 나갔을 것으로 추정됩니다. 관우는 이 적토마를 타고 활약하다가 육손의 계략에 넘어가 오나라 장수들에게 사로잡혀 죽음을 맞아하게 됩니다. 관우가 죽고 나서 이 적토마는 오나라의 마충이라는 장수에게 상으로 주어지지만, 적토마는 새 주인을 거부하며 굶어죽고 말죠. 이상이 소설에서 나오는 적토마의 일생이었습니다.

물론 이런 이야기는 정사 기록에는 나오지 않는 허구이지만, 아무리 소설이라 하더라도 적토마의 나이를 고려하지 않은 허술한 설정은 다소 아쉽습니다. 대략 말의 평균 수명은 25~30년이고, 경주마의 전성기는 평균 3살부터 7~8살까지입니다. 즉, 말은 10살 이상이면 사람으로 치면 중년에 접어들고 20살이 넘어가면 노인에 속하는 나이가 되는 것입니다.

그럼 이런 기준으로 적토마의 나이를 한번 계산해 볼까요? 동탁이 적토마를 여포에게 선물했을 때 가장 어린 3살이었다고 가정해보죠. 서기 189년에 동탁이 장안에 입성하여 황제를 폐위시켰고, 서기 200년에 관우가 조조에게 사로잡힙니다. 그러니까 조조가 관우에게 선물로 준 이 적토마는 이미 전성기를 훌쩍 지난 14살로 사람으로 치면 50대나 60대의 나이인 셈이죠. 그렇다면 조조가 관우에게 적토마를 선물한 것은 늙은 말을 주어 도망가지 못하게 하려는 큰 그림이었을까요? 심지어 관우가 죽은 것이 서기 219년이니까 이때 적토마의 나이는 33살로 사람으로 치면 100살이 훌쩍 넘은 나이인거죠. 그렇다면 적토마는 마충을 주인으로 태우기 싫어서 스스로 굶어 죽은게 아니라 노환으로 자연사했다고 보는게 더 자연스럽겠죠.

관우가 이런 노쇠한 적토마를 타고 전투를 수행한 것 자체가 기적이죠. 그래서 어떤 사람들은 관우가 타고 다닌 적토마는 여포가 타던 적토마의 새끼였다고 주장하는 사람들도 있지만, 소설에는 이런 내용이 나오지 않으니 알 수 없죠. 아마도 적토마가《삼국연의》의 최고 명마이다보니 여포와 관우라는 두 영웅을 함께 묶어주기 위한 서사장치로 무리한 설정을 하지 않았나 생각해봅니다.

적토마는 단거리 선수가 아니라 마라토너이다!

자, 그럼 적토마는 보통 말보다 대체 어떤 능력이 뛰어난 말일까요?《삼국연의》의 설명에 따르면 적토마는 800근의 짐을 싣고 하루에 천리를 달릴 수 있다고 묘사되어 있습니다. 즉, 우리가 잘 알고 있는 '천리마'가 바로 적토마라는 얘기죠. 그런데 여러분 혹시 천리마는 속도가 빠른 말이라고 알고 있나요? 계산을 한번 해보죠. 하루에 천리를 달릴 수 있다는 것이 보통 말은 갖지 못한 능력이라고 했으니 하루 가운데 어두운 시간을 빼고 먹고 쉬는 시간을 빼고 10시간을 달린다고 가정해보면 천리는 400km

이므로 천리마는 시속 40km를 달리는 말이라는 결론이 나옵니다.

엥? 천리마의 속도가 고작 시속 40km밖에 안된다고요? 사람의 달리기 최고 속도가 100미터를 10초에 달린다고 계산해보면 시속 36km인데, 거기 비해 보면 너무 느린거 아닌가요?

우리가 여기서 알아야 할 말의 속성이 하나 있는데요. 말의 순간 속도는 시속 70km 이상을 낼 수 있습니다만, 지속력이 약하기 때문에 최고 속도로 오래 뛰게 되면 심장이 터져서 죽게 된다고 합니다. 그래서 일반 말들의 하루 이동 평균 속도는 30km가 채 안된다고 합니다. 말의 이런 한계를 보완하기 위해 만든 시스템이 바로 역참의 파발마라는 제도입니다. 매 50리 혹은 100리마다 역참을 두어 파발마와 역졸을 상시 대기시키다가 말이 전속력으로 달려와서 지치면 역참에서 말을 갈아타고 다음 역참까지 전속력으로 달리게 하는 시스템이죠. 그렇게 하면 평범한 말을 이용해서도 하루 만에 천리를 이동할 수 있는 셈이 되는 것이죠. 그러니까 순간 속도가 얼마나 빠르냐 하는 것은 고작 몇 분만을 전속력으로 달리면 되는 경주마에나 해당되는 것이지, 일반적인 전투마의 경우에는 순간 최고 속도 같은 것은 별 의미가 없습니다.

여기서 천리마와 적토마의 실제 모델이라고 알려진 '한혈마(汗血馬)'라는 말을 한번 보겠습니다. 바로 중앙아시아에 있는 나라인 투르크메니스탄의 국보급 말 품종인 '아할 테케'라는 말인데요. 이 말의 한자 이름이 바로 한혈마입니다. 한혈마(汗血馬)란 피를 땀처럼 흘리는 말이라는 뜻인데요. 이 말의 털 색깔이 붉은 색이 감도는 금빛인데 여기에 땀이 비치면 붉은 피처럼 보인다고 하여 붙은 이름입니다.

이 말의 평균 최고 속도는 경주마로 사용되는 '서러 브레드' 종보다 다소 늦은 시속 50km 정도지만, 지구력이 매우 뛰어나 물 한 방울 먹지 않고 하루종일 달려 사막을 횡단하기도 하는 강한 심장을 가진 말입니다. 그러므로 천리마란 빠른 말을 가리키는 호칭이 아니라 오래 달리는 말을 가리키는 것이라고 이해하면 될 것 같습니다. 게다가 전투에 참가하는 말은 무거운 장수에다가 군량이나 무기까지 등에 지고 달려야 하므로 지구력이 가장 중요한 조건이었을 것입니다. 이제 우리는 적토마의 이미지를 떠올릴 때 경주 트랙을 달리는 빠른 말을 떠올릴 것이 아니라 무거운 짐을 싣고 오래도록 전장을 달리는 마라톤 선수를 떠올리는 것이 더 가까울 것 같네요.

끝으로 그렇다면 천리마라는 말은 누구나 바로 한눈에 알아볼 수 있는 것일까요? 그렇지 않습니다. 천리마가 될 자질이 있는 말을 알아보고 천리마로 길러주는 말 조련사가 필요한데, 당나라 때의 문인인 한유(韓愈)의 〈잡설(雜說)〉이라는 짧은 글에는 천리마를 알아보는 백락(伯樂)이라는 사람에 대한 이야기가 소개되어 있습니다. 그에 따르면 천리마로 태어난 말은 종종 나올 수 있지만, 그 말이 천리마가 될 자질이 있는지를 알아볼 수 있는 백락 같은 사람은 세상에 많지 않기 때문에 천리마로 태어났을지라도 백락을 만나지 못하면 그저 평범한 말로 일생을 마치게 된다는 것입니다. 왜냐하면 천리마는 다른 말 보다 두 세 배 이상의 여물을 먹어야 하고 조련하는 방법도 다른데, 이를 알아보지 못하는 마부를 만나면 먹이도 충분히 주지 않고 훈련도 제대로 시키지 않은 채 짐수레나 끄는 말로 사용해 버린다는 이야기죠. 나중에 이 이야기는 뛰어난 인재를 길러내는 교육의 중요성을 강조하는 비유로 사용되면서 한동안 교사 임용시험에 단골 문제로 출제되기도 했습니다.

제11강
관우는 어쩌다 재물의 신이 되었나?

이번 강의에서는 다시 관우의 이야기를 해볼까 합니다. 근데 이전처럼 정사《삼국지》와 소설《삼국연의》에서의 묘사에 차이가 있는 부분들을 살펴보려는 것이 아니고요.《삼국지》의 전투 영웅 관우가 어떻게 오랜 시간이 지나서 중국의 모든 가게와 사업장에 재물의 신으로 모셔지게 되었는지 그리고 우리나라에는 어쩌다가 관우의 사당이 세워지게 되었는지, 관우의 신격화와 전래 과정에 대해 이야기해 보겠습니다. 관우의 생애에 대한 정사《삼국지》의 기록은 이렇게 시작합니다.

> **관우는 자가 운장이고 본래의 자는 장생이며, 하동군 해현 사람이다. 망명하여 탁군으로 달아났다.[28]**

---

28 진수 지음 · 김원중 옮김,《正史 삼국지·촉서》(민음사, 2007), 143쪽

하동군 해현은 오늘날 산서성 남부에 있는 윈청이라는 곳인데요. 이곳은 근처에 염호가 있어서 예로부터 소금을 생산하던 곳입니다. 탁군이면 오늘날 베이징 근처인 하북성 바오딩이니까 그 당시로는 자신을 알아보지 못하는 아주 먼 곳으로 달아났다는 뜻이 됩니다.

왜 달아났을까요? 정사에는 그가 유비를 만나기 전까지 어떤 가문에 어떤 직업을 가졌었는지, 그리고 무슨 죄를 저질러 먼 타향으로 도망가게 되었는지 전혀 기록이 없습니다. 다만 여러 가지 민간 자료들을 통하여 다양하게 추측해볼 수 있을 뿐입니다. 그가 일종의 협객으로서 소금을 관리하는 직책을 가지고 있었는데, 그 마을의 악덕 지주를 살해하여 지명수배를 받게 되고 그로 인하여 멀리 탁군까지 망명하게 되었다는 설이 많습니다. 그에 대한 평가 가운데 소인에게는 자상하였으나 사대부에게는 오만하였다는 평가가 있는데, 어찌보면 이러한 그의 성격은 멀리 달아나야 했던 트라우마와 관련이 있을 것이라고 추측해 봅니다. 즉, 당시 지주나 탐관오리 같은 관료 사대부들이 겉으로는 도덕을 숭상하면서 속으로는 얼마나 위선과 탐욕에 물들어 있었는지를 관우가 몸소 겪었던 것이 아닐까 하는 것이죠.

혹자는 그가 평생 공자가 저술한 역사서 《춘추(春秋)》를 들고 다니며 읽었고, 그를 정의할 때 '선비 장군'이라는 뜻으로 '유장(儒將)'이라고 불렀다는 것으로 미루어 그가 마을의 서당 훈장이었을 것이라고 주장하는 사람들도 있으나, 아무래도 서당 훈장님의 무공이 천하에 손꼽을 만한 수준이 되기에는 무리가 있어 보입니다.

사실 한나라가 중국을 통일하면서 법가(法家)의 제도와 유가(儒家)의 충효 이데올로기로 나라를 통치하였지만, 춘추전국시대에 유행했던 협객, 즉 법을 뛰어넘어 사적인 은혜를 입은 사람과의 의리를 지켜 그를 위해 복수나 폭력을 행하는 등 초법적인 행동을 했던 '임협(任俠)'의 풍조는 그때까지도 여전히 존재하고 있었다고 보여지는데요,[29] 탁군의 유비와 장비, 강동의 손견과 손책 부자 등은 이러한 임협자 집단의 우두머리가 아닐까 추측이 됩니다.

관우 역시 이런 협객이었는데, 법을 집행하는 관리의 부조리를 사적으로 응징하여 탁군으로 도망쳤다가 같은 처지의 임협 집단인 유비 장비와 의기투합하여 의형제를 맺은 것이라고 생각하는게 가장 합리적이지 않을까요?

고대 중국에서 전해지는 '선비는 자기를 알아주는 이를 위해 목숨을 바친다(士爲知己者死)'라는 격언이 있는데,[30] 여기서 선비[士]의 원조는 장기판에서 볼 수 있듯이 선비 즉 문사(文士)가 아니라 무사(武士)였던 것을 생각한다면 이는 이들 임협 집단이 최고의 가치로 추구하는 한번 맺은 의리를 저버리지 않는 이들의 덕목이었던 것 같습니다.

그렇게 본다면 유비 · 관우 · 장비의 관계는 한나라 황실의 부흥을 위

---

29 와타나베 요시히로 지음 · 노만수 옮김, 《삼국지 인재전쟁》(더봄, 2023), 116쪽
30 司馬遷, 《史記》 (中華書局, 1962), p.2519

해 협력하는 충신 집단으로서 보다는 그보다 먼저 한번 맺은 형제 관계는 평생 저버리지 않는다는 의협 조직의 의리로 뭉친 관계로 출발했다고 볼 수 있습니다. 자, 이제는 어쩌다가 싸움 잘하는 관우가 상인들의 재물을 지켜주는 재신(財神)으로 변모하게 되었는지 그 과정을 살펴보도록 하죠.

명나라 때의 도교 서적인 《역대신선통감(歷代神仙通鑑)》에는 관우의 전생을 기록하고 있는데 이 책에 따르면 관우의 전생은 해량의 노룡(老龍)이었다고 합니다. 후한 환제(132~168) 시절, 관우의 고향인 하동은 큰 가뭄에 시달렸고, 노룡은 비를 바라는 백성들의 간절한 마음을 외면할 수 없어 밤마다 황하의 물을 길어다 비를 내려주었습니다. 옥황상제는 노룡이 천명을 거스른 것을 알게 되자, 비를 멋대로 내려준 죄를 물어 법검으로 노룡의 머리를 베어 그것을 지상으로 던져버리도록 명합니다. 이때 하동군 해현의 보정이라는 스님이 강변에 노룡의 머리가 떨어져 있는 것을 보고 그것을 주워 항아리 안에 두고 9일간 경전을 읊었는데, 갑자기 항아리 안에서 소리가 나더니 열어보니 그 속에 있던 노룡의 머리가 사라졌음을 알게 되었습니다. 바로 그 시각 하동군 양평촌에 살던 관씨 가족이 절에 불공을 드리러 왔는데, 절의 연못 안에서 어린아이를 발견하게 됩니다. 바로 이 아이가 자라서 관우가 되었다는 전설 같은 이야기죠.[31]

이런 전설 같은 이야기를 갑자기 왜 꺼내느냐면 민간에서는 이런 전설

31 张羽新, 〈清朝对其保护神关羽的崇奉〉, 《出土文献研究》 1998年02期(中國文化遺産研究院, 1998), p.172

을 그대로 신봉하여 관우의 전생은 물을 관장하는 용이었으며 이번 생에 죽어서는 강력한 군신(軍神)이 되었다고 믿고 있었다는 것이죠. 특히 살아서 무용(武勇)이 화려할수록 그리고 죽음이 억울할수록 원념(怨念)이 강하게 남아 무서운 신이 되는데 관우는 그러한 신의 조건에 가장 잘 부합하는 삶을 살았으니, 중국 사람들은 관우야말로 가장 강력한 수호신이 되었을 것이라고 믿게 된 것입니다.

원나라 때의 야사집인 《대송선화유사(大宋宣和遺事)》라는 책에는 옥천산의 산신이 된 관우가 하동군 해현의 소금호수인 해지(解池)를 마르게 한 전쟁신 치우와 싸워 이를 물리치고 해지를 다시 풍성하게 했다는 이야기가 수록되어 있는데요. 나중에는 이 이야기를 연극으로 각색한 〈관운장대파치우(關雲長大破蚩尤)〉라는 연극도 성행하게 되었다고 합니다. 사실 이 소금호수는 이 지역 상인들의 중요한 물품으로서 당나라 때부터 조정을 비롯한 전국으로 유통되던 요지였기 때문에 이 지역 상인들은 이 소금호수를 지켜주던 수호신인 관우를 자신들의 사업을 지켜주는 수호신으로 받들게 된 것입니다.

백성들의 수호신 그들의 목숨같은 재산까지 지켜주다!

아울러 원래 중국에서는 궁중에서도 군신(軍神)을 제사하는 습관이 있었는데요. 한나라는 치우를 군신으로 섬겼고 당나라는 강태공을 군신으로 섬겼는데, 원나라 이후에는 마침내 관우가 치우와 강태공을 누르고 군신의 자리에 오르게 됩니다. 또한 도교에서는 관우를 신격화하여 전쟁의 신인 관성제군(關聖帝君)이라 부르고 공자의 사당인 문묘(文廟)에 필적하는 지위로 관우의 사당을 무묘(武廟)라 하여 공자와 문무 쌍벽의 지위를 가진 무의 화신으로 추앙하게 됩니다.[32] 그러니까 역대 황제들이 공자의 지위를 올릴 때 마다 관우의 지위 역시 올라가게 되는 것은 당연하겠죠? 그럼 역대 황제들은 왜 공자와 관우를 숭배하고 추앙한 것일까요? 설마 공자와 관우를 정말로 공경하고 경배한 것일까요? 사실 공자와 관우는 충효와 의리의 아이콘이잖아요. 그러므로 황제가 이들을 높이고 숭배한다는 것은 신하들에게 '너희들도 공자와 관우를 본받아서 배신 같은 건 하지도 말고 나에게 충성과 의리를 다해야해!' 라는 일종의 이념적 공세라고 할 수 있겠죠. 심지어 명청 시대 중국의 황제들은 자신들의 이름이 관우와 겹치지 않도록 하기 위해 스스로 피휘(避諱)를 하였을 정도이며, 중국인들도 유비와 장비의 이름은 불러도 관우는 절대 관우라고 하지 않고 관운장이나 관공(關公)이라고 부를 정도니까요.

명청시대 이후 산서(山西)지역의 상인 집단이 중국을 대표하는 '삼대 상단'의 하나가 되면서 이들 상인들은 전국적으로 세력을 확장하여 자신들의 지사나 분점을 개설하게 됩니다. 그러면서 이들은 자연스럽게 자신의

32 閔寬東·裵玗桯, 〈國內 關羽廟의 現況과 受容에 대한 硏究〉, 《中國小說論叢》제45집, 2015년, 111쪽.

거점 옆에 관우의 사당을 만들거나 분점 안에 관우의 사당을 축소하여 배치해 둠으로써 가장 강력한 수호신인 관우가 재난과 분쟁으로부터 자신들의 사업을 지켜줄 것을 기원하게 되었죠. 이를 본 다른 지역의 상인들도 모두 이러한 풍습을 따라하게 되면서 관우는 모든 중국 상인들의 재물을 지켜주는 수호신, 즉 재신(財神)이 되었고, 이제는 구멍가게에서 대기업까지 사업을 하는 사람이라면 으레 재신부터 사무실에 비치해야 하는 필수템이 되어버린 것입니다.

여러분, 우리나라에는 관우의 사당이 있을까요? 없을까요? 네. 정답은 '있어도 너무 많이 있다' 입니다. 서울에만도 동묘를 비롯하여 대여섯 군데나 되고요, 이 지역 전주에도 관성묘라는 이름의 관우 사당이 있으니까, 통계에 잡히지 않은 관우를 신으로 섬기는 무당집까지 포함하면 아마도 전국에 수십 수백 개의 관우 사당이 존재할 겁니다. 그렇다면 우리나라는 왜 어쩌다가 우리나라 장군도 아닌 외국인 장군의 사당을 만들게 된 것일까요?

조선시대의 군담소설인 《임진록(壬辰錄)》이라는 책에는 재미있는 이야기가 수록되어 있습니다. 임진왜란이 한창이던 어느 날 관우의 신령이 명나라 황제인 만력제의 꿈에 나타나 "만력제는 유비의 환생이고 조선의 선조는 장비의 환생이니, 명나라가 조선에 구원병을 보내야한다"라고 말합니다. 그로 인해 만력제는 조선에 대규모의 병력과 물자를 지원하여 임진왜란을 승리로 이끌어냅니다. 사실 만력제는 명대 말기의 황제로서 당시 중국의 상황도 그다지 좋지 않았는데, 이상하리만치 조선에 많은 지원을 하여 '고려 천자'라는 별명이 붙을 정도였다고 하죠. 이렇게 조선에 들어온 명나라 군대는 자신들의 관우 신앙을 조선에 전파하게 되는데, 이 당시에 관우가 전장에 나타나 왜군을 베었다는 이야기도 꽤 퍼진 것을 보면 언월도를 들고 전장을 누비던 명군을 신비화하여 전쟁에서 선전 효과를 누리려던 전략의 일환이었던 것 같습니다.[33]

결과적으로 임진왜란에서 승리를 거둔 것은 관우의 음덕(陰德)이었다는 믿음이 조선의 병사들에게도 퍼져나가 민간 신앙으로 정착한 것으로 보입니다. 특히나 관우의 매니아였던 숙종은 왕실의 제사에서 관우 제사를 정례화하여 신하들에게 관우 신앙을 강요하였는데, 매년 24절기의 하나인 경칩과 상강에 관우의 제사를 지내도록 하여 조선의 군신(軍神) 제사에 관우를 주요 인물로 포함시키도록 합니다. 이후로도 영 · 정조와 대한제국 시기에 이르기까지 국가의 상무(尙武) 정신을 고양하고자 할 때는 관우의 시호를 높이거나 사당에 제사를 거행하는 방식을 통하여 관우의 힘을 빌어 강한 힘을 가지고자 했던 문화를 엿볼 수 있습니다. 이러한 경향은 일본에서도 예외가 아니어서 관우 숭배는 아시아의 공통된 문화로 자리잡게 되었다고 할 수 있습니다.

---

33 閔寬東·裵玗桯, 앞의 논문, 108쪽

제12강
삼국시대에는 인재를 어떻게 영입했을까?

이번 강의는 《삼국지》의 인재 영입 방식에 관해 다루어 볼까 합니다. 그러기 위해 《논어》의 첫 번째 구절로 이야기를 시작해 보죠. 논어 〈학이편〉의 첫 구절은 이렇게 시작합니다.

子曰 學而時習之면 不亦說乎아? 有朋이 自遠方來면 不亦樂乎아? 人不知而不慍이면 不亦君子乎아?

이걸 번역하면 이런 뜻이죠? 배운 것을 때때로 복습하면 기쁘지 않습니까? 친구가 멀리서 놀러오면 즐겁지 않습니까? 마찬가지로 남들이 알아주지 않아도 화를 내지 않는다면 이것이야말로 군자가 아닐까요?

한문을 싫어하는 요즘 세대들도 논어의 가장 유명한 이 구절은 들어봤을 겁니다. 그런데, 남들이 알아주지 않아도 화내지 않는 게 그렇게 어려운 일이었나요? 요즘 우리들 삶을 생각해보면 뭐 굳이 남들에게 나를 알리고 살지 않아도 되잖아요? 조용히 나만의 인생을 묵묵히 살아가면 되는 거 아닌가요?

그런데 공자님 말투를 들어보니 이게 그 당시에는 대단히 어려운 일이었던가 봅니다. 이거 하나만으로도 그 어렵다는 군자의 반열에 오르게 된다니까 말이죠. 논어에서 공자님이 구구절절 했던 얘기가 결국은 군자가 되기 위한 가르침이잖아요? 남들이 알아주지 않아도 화를 내지 않는다. 이 덕목이 매우 중요했던지 공자님은 학이편 맨 마지막에 '수미쌍관식'으로 다시 한번 더 말씀하시네요.

不患人之不己知요 患不知人也하라!

즉, 남들이 나를 몰라주는 걸 걱정하지 말고 자신 스스로가 남들에 대해 모르지 않나 걱정하라고!

공자님이 앞뒤로 강조하신 걸 보면 그 당시 남들이 나를 알아주는 일이 매우 중요했었나 봅니다. 고금을 통해서 성현의 가르침은 역설적으로 그 당시 그런 가르침이 제대로 행해지지 않았다는 걸 반증하니까요. 즉 '나라에 충성하고 부모에 효도하라!' 라는 가르침을 강조했던 것은 충성과 효도를 실천하는 인간들이 적었다는 걸 반증하는 거죠. 이미 잘 실천하고 있다면 굳이 강조할 필요가 없겠죠.

그렇다면 공자님이 저렇게 강조하신 남들이 나를 알아주는 일은 그 당시 사회에서 군자를 지향하는 사람들의 중요한 관심사였다는 걸 알 수 있죠. 아울러 그 당시 사람들은 남들이 자기를 알아주지 않아서 매우 화가 나고 걱정을 일삼았다는 걸 알 수 있습니다. 뭐하러요? 왜 화가 나고 걱정이 되었을까요? 그 시대 중국 사람들은 다들 'ENFP' 였나요? 친구가 안 알아주면 그냥 조용히 혼자 잘 살아가면 되잖아요?

네. 그 당시에 남이 나를 알아준다는 개념은 오늘날처럼 친구가 나랑 놀아준다는 가벼운 개념이 아니라, 내가 세상에 나아가는 통로 역할을 했던 개념입니다. 즉, 세상에 나아가 인재로서 일하려면 누군가가 내 이름을 불러줘야 했다는 말입니다. 그냥 남들 신경 안 쓰고 조용히 실력을 키워서 공무원 시험 합격하면 되는 거 아니었어요? 네. 그 당시는 관료를 시험보고 뽑던 시대가 아니었습니다. 그럼 뭘로 뽑아요? 누가 어떤 능력이 있는지 어떻게 알아요? 그래서 그 당시 지방의 수령들에게는 매년 인재들을 나라에 추천하는 '천거제도'라는 게 있었습니다. 이들은 자기 지역의 인재들을 효성스럽고 청렴하다는 뜻으로 '효렴(孝廉)'이라는 이름으로, 혹은 어질고 뛰어나다는 뜻으로 '현량(賢良)'이라는 이름으로 나라에 추천을 해야 했습니다.[34] 자, 그럼 지방의 수령들이 그 지역의 모든 인간들을 꿰뚫고 있는 것은 아닐테고 어떻게 자기 지역의 인재들을 찾아낼까요? 바로 지방의 유력한 인사인 명사(名士)로부터 인물들에 대한 품평을 듣고 알게

---

34 와타나베 요시히로 지음 · 노만수 옮김, 《삼국지 인재전쟁》(더봄, 2023), 107쪽

되는 것입니다.

여러분 혹시 지기(知己)라는 말 들어보셨죠? "아들아, 인사해라 이 분은 아빠의 십년지기 친구분이란다." 이런 말로 들어봤을 거에요. 자신을 잘 아는 친구를 뜻하는 지기라는 말은 원래 사마천이 지은 사기의 〈자객열전〉에 나오는 "선비는 자신을 알아주는 사람을 위해 죽는다[士爲知己者死]"라는 말에서 유래한 어휘입니다. 이 말은 당시 유명한 자객이었던 예양이란 사람이 했다는 말인데요. 아니, 친구 사귀는데 뭘 그리 심각하게 죽을 각오까지 해야 되나요?

내가 그의 이름을 불러주었을 때, 그는 나에게로 와서 관료가 되었다

사실 나를 알아주는 사람이라는 뜻의 지기는 처음에는 가벼운 친구 사이를 가리키는 말이 아니라 나의 능력을 인정해주고 나를 기용해주거나 추천해준 은인을 뜻하는 말이었습니다. 요즘말로 하면 나에게 대기업 최종 면접 추천서를 써준 지도교수님이나 직장 최종 면접에서 나를 뽑아준 인사부장님 같은 분들인거죠. '士'의 입장에서는 나를 세상에 나오게 해준, 그리고 능력을 발휘할 일자리를 만들어 준 분들이니까 목숨 바쳐 일할 각오를 해야겠죠. 그러니 누군가가 나를 알아주어서 내 이름을 품평해주어야만 세상에 진출할 수 있었던 그 시대에 나를 알아주는 것에 목매는 건 당연한 일이었겠죠?

이런 사회 분위기는 공자님 시대인 춘추전국시대부터 한대를 거쳐 위진남북조 시기까지 이어집니다. 그러니 후한 말엽《삼국지》의 시대 역시 인재들은 누군가가 자신을 알아주고 누군가가 품평을 해주기를 애타게 기다렸겠죠? 자, 그렇다면《삼국지》의 인재들은 누가 누구를 어떤 방식으로 알아주고, 어떤 방식으로 평가하고, 또 어떤 방식으로 일을 맡게 된 것일까요?

'인물을 품평한다'라는 말을 들으면 우리는 바로 조조를 평했던 허소의 평가가 떠오릅니다. 허소가 조조에게 해주었다는 평가는 역사책에서도 두 가지 버전이 있는데요.《후한서》허소전에는 "그대는 치세에는 간적(奸賊)이요, 난세에는 영웅이라오"라고 기록되어 있는데 반해,《삼국지》위서 무제기에는 "그대는 치세에는 능신(能臣)이요, 난세에는 간웅(奸雄)이오."라고 기록되어 있습니다.[35] 조조는 이 말을 듣고 크게 웃었다고 하죠.

여러분, 대체 이 말은 좋은 말인가요? 아님 혹평인 건가요? 그리고 허소는 왜 이런 말을 한 걸까요? 이 사람은 점쟁이나 관상쟁이 같은 사람인 걸까요?

소설《삼국연의》나 만화《삼국지》를 보면 마치 허소가 예언가이거나 관상쟁이인 것처럼 등장합니다. 마치 조조가 난세의 영웅이 될 것을 예언하는 사람처럼요. 그런데 저 시대에 누군가를 평가하는 일은 엄청나게 중

---

35 진수 지음 · 김원중 옮김,《正史 삼국지·위서1》(민음사, 2007), 48쪽

요하고도 아무나 할 수 없는 어려운 일이었습니다. 일종의 '문화권력'이라고 할까요? 허소는 매월 초하루마다 '월단평(月旦評)'이라 하여 인물 비평 모임을 가져서 지역의 명사들을 모아 놓고 당시에 유명해지고 있는 사람에 대한 인물 품평을 진행했습니다. 또한 허소와 함께 인물평으로 유명했던 학자인 곽태라는 사람은 전국을 돌면서 인물평을 했는데, 그의 수레에는 전국 호족들의 명함이 수북이 쌓였다고 합니다.[36]

자, 그런데 인물 평가는 아무나 못하는 건가요? 당연히 아무나 못하는 일이죠. 누구에게 인물평을 받았냐 못 받았냐에 따라 명성이 좌우되는데요. 그렇다면 이런 중요한 인물평가 문화는 언제 어떻게 생기게 된 걸까요?

그건 후한 사회가 기울기 시작한 환관 정치와 '당고의 화'사건과 관련이 있습니다. 사회가 정상적으로 돌아가는 시대였다면 지역의 수령들은 지역 호족들의 도움을 받아 대부분 호족의 자제나 관련자들을 조정에 천거하고 이들은 조정에 세워진 대학 겸 관료연수원인 '태학(太學)'에 들어가 연수를 거친 후 새로운 관료집단을 형성하게 되었을 것입니다. 그런데 후한 말엽 환관들이 정치를 농단하면서 태학 출신의 인재들을 당파를 짓는다는 의미의 '당인(黨人)'으로 몰아 죽이거나 탄압하자, 스스로를 깨끗한 '청류(淸流)'라고 자부했던 호족 명사 집단은 후한의 관료로 들어가는 것 보다는 차라이 재야에서 당인으로 남는 것이 더 낫다는 사회적 공감대를 형성

36 와타나베 요시히로 지음 · 노만수 옮김, 《삼국지 인재전쟁》(더봄, 2023), 60쪽

하게 됩니다.

이들은 후한의 관료로서 누리는 경제적 이득보다는 여론의 인물평가라는 문화 자본을 중시하는 세력들이 많아졌는데, 이렇게 여론의 지지를 받아 명성을 얻게 된 사람들을 명사(名士)라고 불렀습니다. 삼국시대에 유비, 조조, 손권, 유표, 원소 등을 따르던 수많은 인재들은 썩어가는 한나라 조정보다는 새로운 주군을 따르기로 결정한 명사 집단들이 대부분이었던 것입니다.

자, 그런데 아까 조조 이야기로 돌아가서요. 조조는 할아버지가 환관이었잖아요. 그것도 십상시(十常侍)들의 보스 격인 조등이었잖아요. 환관이라면 이를 갈만한 명사들이 왜 조조의 인물평을 해주고, 조조 밑에 일을 하러 들어갔을까요? 결국은 인맥이라는 답이 나오는데요. 조등 덕에 삼공 벼슬을 얻게 된 종숭이라는 사람의 제자 중에 교현이라는 인물이 있는데 바로 이 사람이 허소에게 조조를 소개시켜 준 것이죠. 일설에 따르면 허소는 조조가 난폭하다는 얘기를 듣고 다칠까봐 입을 열지 못하다가 조조가 괜찮으니 말을 하라고 재촉하자 위와 같은 말을 했다고 합니다.

일설에는 위의 평가가 칭찬이라고 나오는데요. 여러분은 칭찬으로 들리시나요? 어떤 해석에 따르면 '치세에는 간적'이라는 말은 명백히 조조를 디스한 내용이지만, 이미 저 시대는 난세이므로 뒷부분에 한 난세의 영웅이라는 말을 강조하려고 했다는 설명도 있습니다. 즉, "당신 말이지, 태평성대에 태어났으면 간사하게 도적질이나 했을텐데 말야, 지금은 난세니까 세상을 구하는 영웅이 될 거요." 이런 뉘앙스였을 거라는 거죠. 그래서 조조가 통쾌하게 웃었고요. 그러나 제 생각은 좀 다릅니다. 역사 기록에 조조나 유비에 대한 평가를 내릴 때 '비상인(非常人)'이라는 어휘를 쓰는데요. 비정상이라는 뜻이 아니고요. '당시의 보통 사람들과는 다르게 생각하고 행동하는 특별한 사람'이라는 의미로 생각해야 할 것 같습니다. 그렇다면 조조는 당시에 유행하던 명사들의 인물평 따위는 별로 신경쓰지 않았을 것 같습니다. 간웅이건 영웅이건 인물은 인물이니까 그저 웃었던 것은 아닐까 생각해봅니다. 뭐 조조처럼 어마어마한 할아버지 찬스로 쉽게 세상에 나온 사람에게야 인물평이 뭐 그리 중요하겠습니까마는 일반적인 선비들에게는 권위있는 명망가의 인물평을 받는 것이 매우 중요했을 것입니다. 그리고 이들 명사 집단은 지연과 학연 등을 이용한 인맥으로 네트워크를 넓혀갔는데요. 이 당시 인물평의 대가를 중심으로 명사 인맥을 형성해 온 중심지는 바로 여남(汝南)과 영천(潁川)이라는 지역이었습니다. 이 곳은 둘 다 당인의 두 거두를 배출한 지역인데요. 대장군 두무와 함께 환관 세력을 축출하려다 처형당한 청류 문인의 두 대표인 진번의 고향이 여남이었고, 이응의 고향이 영천이었습니다. 진번의 뒤를 이어 허소가 여남에서 명사들과 인물 평가 그룹을 형성하였고, 이응의 뒤를 이어 곽태가 영천의 중심 명사가 되었죠.[37]

37 와타나베 요시히로 지음 · 노만수 옮김, 《삼국지 인재전쟁》(더봄, 2023), 42쪽

이 가운데 여남이라는 지역은 바로 4세에 걸쳐 5명의 삼공을 배출한 여남 원씨 가문의 터전이기도 하고요. 영천은 바로 순욱을 대표로 하는 영천 순씨 가문의 터전이었습니다. 뭔가 바로 감이 오지 않나요? 네. 원소가 《삼국지》 초반에 가장 큰 세력으로 자리잡게 된 배경, 그리고 뒤를 이어 조조가 세력을 갖추게 된 배경에는 바로 이 명사 집단들의 지지가 있었기 때문입니다. 이들 군웅과 명사들은 서로 공생관계라고 할 수 있을 텐데요. 무력을 통해 성장한 군웅들에게는 자신에게 정당성과 비전을 제시해주고 지역에서의 여론을 형성해줄 수 있는 명사들의 도움이 필요했으며, 명사들의 입장에서는 후한 조정에 나가는 일은 막혀있으니 새로운 대안 세력을 찾아 취업을 해야했겠죠? 이런 두 측의 수요가 맞아 떨어지면 군웅과 인재의 만남이 성사되는 것이지요. 마치 고려 말에 왜구와 홍건적을 소탕하며 백성들의 인기를 얻었던 무인 세력 이성계가 새로운 대안 세력을 찾던 정도전 중심의 신진사대부 세력과 결합하여 조선을 건국하게 된 것처럼 말이죠.

순욱이 원소를 버리고 조조를 택한 이유는 무엇일까?

조조가 순욱을 얻고 나서 그 능력을 극찬하며 '나의 장자방이로다'라고 평가한 것은 조금도 과장이 아니었을 겁니다. 장자방은 한 고조 유방을 도와 항우를 물리치게 만들어준 책사 장량을 가리키는데요. 사실 조조가 순욱에게 얻은 진짜 보물은 그의 능력보다는 그의 인맥이었습니다. 순욱의 숙부인 순상은 허소와 곽태 같은 명사들과 교우 관계였고요. 순욱이 조조에게 추천한 영천의 인재들만 보더라도 순유, 종요, 진군, 순열, 두습, 신비, 희지재, 곽가 등 대단히 많았습니다.

사실은 조조가 순욱을 기용했다기 보다는 순욱이 조조를 선택했다고 보는 것이 맞을 텐데요. 순욱은 먼저 원소에게 갔었으나 원소가 크게 될 인물이 아니라고 보고 조조를 선택했던 것입니다. 특히 저 인재들 가운데 희지재와 곽가 같은 인물들은 당시의 평가로는 흠결이 있는 인물들이었지만, 조조는 자신의 인사 원칙인 '유재시거(唯才是擧)' 즉, '딴 거 다 필요없고 특정 분야에 능력만 있으면 천거하시오!'라고 순욱에게 주문하였고 그래서 순욱은 당시 학문적 명성이나 세간의 평가가 높았던 사람들 외에도 도덕적 흠결이나 괴팍한 성격으로 유명한 희지재나 곽가 같은 사람도 조조에게 추천했던 것입니다.

사실 말이 쉽지, 저런 평판의 시대에 조조가 '유재시거'를 원칙으로 밀어붙이기는 쉽지 않았을 겁니다. 본인의 출신 즉, 환관의 손자라는 꼬리표는 조조에게 멍에가 될 수도 있었고, 자산이 될 수도 있었는데요. 할아버지의 엄청난 인맥과 경제력을 초기 기반으로 한 것은 자산이었지만, 당시 같은 명사 집단의 여론 사회에서는 조금만 이상한 행동을 하거나 조금만 이상한 사람들과 어울려도 "역시 환관놈 손자라니까"하는 비난 여론이 들끓었겠죠. 이렇게 보면 당시 엄청난 명성을 누리고 있던 영천 집단의 중심인물인 순욱이 조조의 손을 잡은 것이 정말 엄청난 사건이었던 거죠. 사람들이 다들 조조를 다시 봤을 테니까요. "뭐라고? 순욱이 조조한테 갔다고? 왜?"

대체 왜 순욱은 중국 최고의 가문 출신인 원소를 거부하고 환관의 손자에다 성격도 안좋은 조조를 택했을까요? 순욱은 젊은 시절 조조가 보여준 두 가지 행동에서 엄청난 가능성을 보았을 겁니다. 그 하나는 십상시 건석의 숙부를 때려죽인 일이었습니다. 통금 시간을 어기고 성문을 제 멋대로 들락거린 특권층에게 제대로 곤장을 친 것이죠. 이 일로 백성들과 명사들에게 조조는 주목을 받게 되었죠. "환관의 손자가 환관 세력을 안 봐주고 법을 엄정하게 집행하는군" 이런 평가를 듣게 된 것입니다. 또 하나의 행동은 황건적을 물리친 공으로 제남의 수령이 되었는데, 그곳 18개의 현 가운데 8개 현의 부패한 관리들을 파면시켜버린 일이었습니다. 이런 두 가지 행동은 모두 법 질서가 무너지고 부패가 횡행하던 당시 사회에서 엄정한 법 집행을 보여준 용감한 사례로 꼽히는데요. 순욱은 조조의 이런 과감한 행동에서 기울어져 가는 사회를 바로잡을 수 있는 혁신의 비전을 보았을 것입니다.

순욱의 지지를 통해 명사 집단의 인정을 받은 조조는 자신감 있게 능력주의를 표방했을 것입니다. 네 조상이 환관이건 귀족이건 청류건 탁류건 난 그런 거 안 따진다. 오직 네 능력을 보여줘!

그 덕분에 조조에게는 당시 사회에서 품평을 얻은 주류 명사 집단과 인물평은 제대로 받지 못했어도 능력이 있었던 인재들이 함께 모이게 되어 풍부한 인재풀을 만들게 됩니다. 거기에다 나중에 황제를 보위하게 되면서 조조의 인재 집단은 영천을 넘어서 전국구로 확대되었습니다. 물론 이런 인재들이 다 조조의 중용을 받은 것은 아닙니다. 대단히 많은 명사들이 조조에게 죽임을 당하기도 했죠. 심지어 순욱조차도 조조에게 자살을 강요당했으니까요.

제4장

고사성어로 만나는 《삼국지》

제13강
양수는 닭갈비 때문에 죽은 게 아니었다!

이번 강의에서는 중국의 유명한 고사성어들 가운데 《삼국지》에서 유래한 고사성어에 얽힌 이야기를 들려 드릴까 합니다. 《삼국지》는 역사로 기록된 뒤 이야기와 연극, 소설 등 다양한 장르로 만들어져 많은 중국인들이 즐겨 듣고 보았던 스토리였기 때문에 그 안에서 만들어진 고사성어도 무척이나 많은데요. 이 가운데 먼저 '닭갈비' 이야기로 시작해 보도록 하겠습니다.

여러분, 닭갈비 이야기라니까 갑자기 배가 고파지면서 춘천 닭갈비를 먹으러 가야할 것 같은 생각이 드시나요? 매콤한 양념에 잘 구워진 닭고기를 고구마랑 떡볶이와 곁들여 먹으면 정말 환상의 맛이죠.

그런데 그거 아시나요? 우리가 즐겨먹는 양념 닭갈비는 진짜 닭의 갈비살이 아니라 닭고기 다리와 가슴살이 섞여있는 닭고기 모둠이라는 거요. 닭갈비보다 먼저 등장했던 돼지갈비 요리가 양념도 그렇고 뼈에 붙은 채로 구워 먹었던 방식도 돼지갈비와 비슷해서 닭갈비라는 이름이 붙었다는 게 유력한 주장입니다. 만약에 정말로 닭의 갈비뼈에 붙은 갈비살만을 가지고 닭갈비 요리를 만든다면 아마 닭이 10마리가 있어도 혼자 먹기도 모자랄 겁니다.

치킨을 먹다 보면 보이겠지만, 닭 갈비뼈에 붙어있는 살이라는 게 거의 얇은 막처럼 적어서 요즘에는 귀찮으니 아예 안 먹고 버리잖아요. 지금부터 이야기하려는 닭갈비는 바로 이 부분 먹을 게 없어서 버릴까 말까를 고민하게 되는 1,800년전의 진짜 닭갈비 이야기입니다.

닭갈비를 한자로는 계륵(鷄肋)이라고 하죠. 계란이라고 할 때의 '닭 계' 자에 늑골이라고 할 때의 '갈비뼈 륵'자를 쓴 것이죠. 때는 바야흐로 서기 219년, 촉 땅을 차지한 유비는 이번에는 조조를 치기 위해 한중(漢中)으로 향하는데요. 이곳은 오두미교(五斗米教)라는 종교 공동체를 이끌던 장로(張魯)라는 사람이 아버지의 대를 이어 다스리던 곳인데요. 조조의 세력이 점점 커지자 그는 이 땅을 조조에게 항복하여 바치고 장안으로 들어가 버립니다. 유비는 이곳 한중을 점령하여 북방 장안으로 나아가는 길목을 확보하기 위해 대군을 이끌고 원정을 떠납니다. 조조 역시 한중 땅을 장로로부터 손쉽게 얻었으니 유비가 마음대로 차지하게 둘 수는 없겠죠? 먼 길을 달려와 한중을 사수하기 위해 유비와 공방전을 벌입니다.

사실 한중이라는 곳은 진령산맥이라는 거대한 산맥의 내부에 위치한 분지로서, 위로 산을 넘으면 장안으로 진출할 수 있고 아래로는 사천분지로 연결되는 주요한 군사 요충지이긴 하지만, 사방이 험한 산맥으로 둘러

싸여 평야도 거의 없고 많은 인구가 살만한 곳도 못 되기 때문에, 북방의 넓은 땅을 모두 차지한 조조 입장에서는 유비가 이곳을 차지하는 것은 싫지만, 그렇다고 해서 전력을 기울여 얻어봤자 오래 지키기에도 쉽지 않은, 말 그대로 가성비가 좋지 않은 땅이었습니다.

그런데다 유비가 이끄는 촉군은 그야말로 죽기 살기로 싸우는 통에 먼 길을 달려온 조조의 군사들은 지형에도 적응하지 못하는데다 사기도 떨어져 패전을 거듭하고 있었죠. 결정타는 조조의 오른팔이자 친척 동생이었던 하후연이 정군산(定軍山) 전투에서 유비에게 패하여 전사하였다는 것입니다. 아끼는 장수도 죽고 싸움은 어렵고, 이 한중 땅을 어떻게 해야 하나 고민하던 조조에게 그날 저녁 식사로 닭고기탕이 나왔습니다. 국 그릇에서 닭고기를 건지려는데 닭 갈비뼈가 얇은 살과 함께 올라오는 거죠. 조조는 혼자말로 "아, 놔, 닭갈비, 이걸 먹어야해, 말아야해?"하며 생각에 잠깁니다. 지금 한중이라는 땅이 그리고 조조의 상황이 마침 눈앞에 있는 닭갈비와 너무 닮은 거죠. 뼈를 일일이 발라서 먹자니 귀찮고, 안 먹고 버리자니 그건 좀 아깝고.

한중 땅도 마찬가지죠. 유비와 전력으로 싸워서 빼앗자니 너무 많은 희생을 감수해야 할 것 같고, 그렇다고 포기하자니 유비가 이 땅을 차지하여 호시탐탐 장안을 노릴 생각을 하니 머리가 아프고요. 이런 생각을 하면서 '닭갈비야, 닭갈비'를 중얼거리는데, 그때 마침 당번병이 들어와 조조에게 오늘밤의 군령 암호를 정해달라고 합니다. 전쟁터에서는 항상 첩자들이 돌아다니므로 첩자를 색출해 내기 위해서 부대마다 암호를 정해 둡니다. 이동 중에 보초가 암호를 물어 제대로 대답을 못하면 적으로 간주하고 쏴버리는 것이죠. 그래서 어느 날은 '너구리'로 정했다가 어느 날은 '독수리'로 정했다가 매일 암호를 바꾸어 첩자의 침투에 대비하는 것입니다.

그런데 이 날은 마침 조조가 닭갈비를 보면서 생각에 빠져있을 때 당번병이 암호를 정해달라고 하자 무심코 '닭갈비'라고 정해줍니다. 즉, 이날 밤 암호는 '닭갈비'가 된 거죠. 자기 부대에서 암호를 전해 들은 머리 좋은 양수라는 책사가 빙그레 웃더니 갑자기 짐을 바리바리 싸기 시작합니다. 마침 부대를 순시하던 대장군 하후돈이 양수가 짐 꾸리는 것을 보고는 깜짝 놀라 왜 짐 정리를 하느냐고 묻습니다. 양수는 이렇게 대답하죠.

> 원래 계륵이란 먹자니 맛이 없고 버리자니 아까운 것입니다. 지금 우리 싸움이 곧 그와 같습니다. 앞으로 나아가 봤자 이길 가망이 별로 없고, 물러서자니 비웃음을 살까 두렵습니다. 여기 있어도 별 이로울 게 없으니 차라리 일찍 돌아가는 게 낫지요.[38]

그러자 양수의 비상한 머리에 늘 감탄하고 있던 하후돈은 맞는 말이라 생각하고 돌아가 전 부대가 짐을 꾸리기 시작합니다.

---

38 나관중 지음 · 이문열 평역, 《삼국지》 제8권(민음사, 1988), 80쪽

다음 날 조조는 전 군이 다 짐을 꾸리고 있는 것을 보고 깜짝 놀라 소리치죠. "대체 누가 철군 준비를 하라고 했느냐!" 하후돈이 양수의 분석을 조조에게 전하자 조조는 속마음을 들킨 것도 화가 나고 평소에 양수를 좋게 보지 않았기 때문에 양수를 군기 문란죄로 처형시켜 버립니다. 그리고는 며칠 안 있어 정말로 퇴각을 하게 되죠.

이렇게 조조를 몰아낸 유비는 한중을 차지하고 스스로 한중왕(漢中王)의 자리에 오릅니다. 서기 219년은 유비의 촉한에게 있어서 화려한 불꽃 같은 해였다고 말할 수 있는데요. 불꽃은 너무 아름답지만 바로 사그러들죠? 이 해에 촉한은 한중을 차지함으로써 관우가 지키고 있던 형주와 함께 허도와 장안으로 진출할 수 있는 양쪽 날개를 확보하게 된 것입니다. 제갈량이 가장 이상적인 대책으로 제시했던 '천하삼분지계'가 완성된 해죠. 이제 물산 풍부한 촉 땅의 인구와 물자를 바탕으로 몇 년간 세력을 길러 관우 · 장비 · 조운 · 마초 · 황충이라는 '오호대장(五虎大將)'을 두 팀으로 나눠 장안과 허도로 동시 공격하면 유비의 오랜 꿈이었던 한나라의 부흥이 손에 잡힐 듯 가까워 보였던 그런 순간이었죠.

그러나 이 순간은 그야말로 불꽃처럼 짧았습니다. 이 해 여름 홍수를 이용해 혁혁한 전과를 올리던 형주의 관우가 어이없게도 육손과 여몽에게 뒤통수를 맞고 죽게 됨으로써 형주라는 교두보를 잃고, 그 뒤 3년 동안 조운만 남고 오호대장도 다 세상을 떠나게 되죠. 말 그대로 최고의 순간과 최악의 순간을 모두 경험했던 해였던 것입니다.

조조는 왜 기어이 양수를 죽여야 했을까?

다시 닭갈비 이야기로 돌아옵니다. 암호의 의미를 알아차리고 미리 짐을 쌌다는 이유 하나로 천재 같은 책사를 죽인다? 조조가 너무 속이 좁은 거 아닌가요? 그런데 사실 이건 소설 《삼국연의》의 이야기이고요. 정사 《삼국지》에서도 닭갈비 이야기는 기록되어 있기는 하지만, 조조가 양수를 죽인 것은 허도로 돌아온 뒤 몇 달 뒤의 일입니다.[39]

그래도 조조는 뒤끝 작렬이네요. 본인의 속마음을 들켰다는 이유로 자기 책사를 시기 질투해서 몇 달 동안 꽁하니 있다가 기어이 죽이다뇨? 그렇다면 조조가 양수를 죽인 진짜 이유는 무엇일까요? 조조는 정말로 양수

39 易中天 지음·홍순도 옮김, 《삼국지강의2》(김영사, 2007), 117쪽

가 자기보다 똑똑해서 시기 질투하여 죽인 걸까요? 이 해답을 찾기 위해서는 당시 사회의 계층 구조를 먼저 알아야 합니다.

후한을 세운 광무제 유수(劉秀)는 각 지역을 대표하는 호족 세력들의 지지를 받아 혁명에 성공함으로써 황제가 되었죠? 호족이라는 세력은 뭘까요? 이들은 자신이 속한 지역에서 넓은 토지와 사적인 병사들을 거느리고 중앙 조정에 자기 가문의 자제들을 보내어 관료로 일하게 하는 등 왕이나 황제라고 불리지만 않았지 자기 지역에서 왕이나 다름없는 권력을 가지던 가문들을 말합니다. 후한의 황제들은 이들 호족의 가문과 결혼함으로써 호족들을 외척으로 만들어 자신의 권력을 유지해 나갔던 것이고요.

이들 호족들 가운데 당시의 대학교인 태학 출신으로 관료를 지냈던 호족들을 깨끗한 집단이라는 의미에서 '청류파(淸流派)'라고 불렀습니다. 후한 말엽의 유명한 청류파 호족으로는 바로 양수의 가문인 홍농 양씨와 원소·원술의 가문인 여남 원씨[40], 그리고 사마의의 가문인 온현 사마씨 등이 있습니다. 이들의 눈에는 환관의 손자인 조조는 그야말로 뼈대 없는 탁류 집안이었던 것이죠. 이 당시 사회는 철저하게 가문을 중시하던 시대였으므로 조조 스스로도 자신의 출신에 콤플렉스를 느꼈을 것이고, 그래

---

40 원소와 원술이 활약하던 시기의 여남 원씨 가문이 청류파 호족이라는데는 많은 이견이 존재한다. 여남 원씨는 후한 말 네 명의 황제 시기 동안 대대로 삼공 벼슬을 지내왔던 '사세삼공'의 가문으로 유명한데, 이 시기 권력을 쥐고 흔들었던 환관 세력에게 빌붙지 않고서야 어떻게 높은 벼슬을 유지할 수 있었겠느냐는 반론이 그것이다. 원소가 '6년상 퍼포먼스'를 통해 청류파 지식인들의 지지를 받고난 뒤, 낙양에 남아 있던 원씨 일족들의 죽음을 방치한 것도 이미 탁류로 손가락질 받던 원씨 가문과의 '손절'을 의미하는 것이었다고 해석할 수도 있다.

서 더더욱 인재라면 출신을 따지지 않고 기용했던 것입니다.

조조가 보기에 가장 싫은 족속들이 바로 실력은 없으면서 말만 앞세워 고고한 척 하는 청류파 가문이었죠. 그 중에서도 청류파의 으뜸 가문이었던 홍농 양씨 가문은 조조의 눈에는 부러움과 질시의 대상이었을 것입니다. 특히나 양수의 아버지 양표는 이전 황제의 태위 벼슬까지 했던 나라의 큰 어른이었으므로 양수가 조조의 속마음을 알아차리고 비꼬고 풍자를 해도 감히 죽일 생각은 못했을 것입니다.

자, 그럼 조조는 왜 함부로 죽일 수 없었던 대가문의 천재를 죽여서 엄청난 정치적 부담을 스스로 떠안게 된 것일까요? 그건 바로 자신의 후계자 문제 때문입니다. 아까 앞에서 219년이 촉나라의 결정적인 해라고 얘기했는데요. 220년은 이제 위나라의 결정적인 해가 됩니다. 한중에서 돌아온 1년 뒤 조조는 병으로 죽습니다. 뭐 일설에는 관우의 귀신이 조조를 데려갔다는 설도 있지만, 아마 오래전부터 두통에 시달렸다는 기록을 보면 중풍이나 고혈압 같은 지병이 있었을 것으로 추측됩니다. 조조의 뒤를 이어 아들 조비(曹丕)가 위왕(魏王)에 올랐다가 몇 달 뒤 후한 헌제의 선양을 받아 황제가 됨으로써 한나라는 완전히 사라지고 위나라가 세워지게 됩니다.

그런데 조비가 순조롭게 위왕과 황제의 자리에 오르게 된 것은 아닙니다. 그는 3년 전인 217년에 위왕 조조의 세자가 되었지만, 그 세자로 정해지기 전까지 그리고 그 후에도 강력한 라이벌인 동생 조식(曹植)과 후계자

경쟁을 해야만 했습니다. 조비는 조조의 둘째아들이었지만 장남 조앙이 조조를 대신하여 장수 토벌전에서 죽는 바람에 그 뒤로는 장남의 역할을 떠안게 되었죠. 그러나 조비는 큰 아들이라는 유리한 조건이 있었을 뿐, 사실 문학적 재능이나 인간적인 매력은 조식이 더 뛰어났다고 전해집니다. 조조 역시 자신의 문학적 재능을 닮은 조식을 더 사랑했었다고 하죠.

이들에게는 각각 스승이자 참모 역할을 했던 유력자들이 있었는데요. 조비의 멘토가 사마의였다면, 조식의 멘토가 바로 양수였습니다. 사실 이건 어느 개인이 후계자 후보를 개인적으로 도와준다는 차원이라기 보다는 사마의로 대표되는 온현 사마씨 가문과 양수로 대표되는 홍농 양씨 가문이 차기 대권을 창출하기 위해 경쟁하는 구도로 봐야할 것입니다. 결국 조조도 결정을 못 내리다가 가후의 조언을 듣고서야 마침내 조비로 후계자를 결정하는데요.

조비와 조식을 놓고 여러 가지 테스트를 통하여 후계자 실기 시험을 치르는데, 이상하게 조식은 조조가 내는 미션을 아버지의 속마음을 읽는 것처럼 잘 해결하더란 말이죠. 이에 대해 《후한서》에서는 이렇게 기록하고 있습니다.

이런 일이 세 번 정도 있자, 조조는 그 대답이 지나치게 신속함이 기이하다고 여겨서 그 내막을 알아보게 하였다. 그 내막을 알게 된 조조는 더더욱 양수를 꺼리게 되었다. 게다가 양수가 원술의 조카이기도 했는데, 조조는

그 후환을 두려워하여, 곧 이 일로 인해 양수를 죽였다.[41]

또한《삼국지》위서〈조식전〉에는 "조식이 양수의 말대로 그대로 했다. 이 때문에 양수는 제후들과 밀통한다는 이유 때문에 처형되었다."라고 기록되어 있습니다.[42]

이런 기록들을 통해 보면 조조는 조비를 후계자로 확정하면서 후계자의 위협이 될 만한 세력을 없애어 후계 구도를 튼튼하게 세우려는 일환으로 양수를 죽인 것으로 생각됩니다. 만약 조비가 아니라 조식이 후계자가 되어 왕이 되고 황제가 되었다면 가장 막강한 집안인 홍농 양씨가 든든한 후원자가 되었겠지만, 후계 구도에서 탈락한 왕자의 후원자는 오히려 위협이 될 테니까요. 이런 것을 보면 정치의 세계는 정말 비정한 것 같습니다.

41 范曄,《後漢書》(中華書局, 1962), p.1789
42 진수 지음 · 김원중 옮김,《正史 삼국지·위서2》(민음사, 2007), 172쪽

제14강
호풍환우(呼風喚雨)와 초선차전(草船借箭) -제갈량의 버프

지난번 강의에서《삼국지》의 대표적인 고사성어였던 닭갈비, 즉 '계륵' 고사에 대해 알아봤는데요. 이번 강의에서는 제갈량의 신묘한 전술 가운데 하나인 '초선차전(草船借箭)'이라는 고사성어에 대한 이야기를 들려드릴까 합니다. '초선차전'이란 '풀 초', '배 선', '빌릴 차', '화살 전' 즉 풀을 가득 실은 배로 적군의 화살을 빌린다는 뜻의 고사성어입니다.

이 이야기는 소설《삼국연의》의 적벽대전 대목에서 나옵니다. 적벽대전이 어떤 전쟁이죠?《삼국지》3대 대전 가운데 하나이자, 유비와 손권이 조조를 막아내고 삼국의 기틀을 다지게 된 유명한 전쟁이기도 하죠. 그래서 조조의 입장에서 볼 때 관도대전이 자신의 세력을 확장하는 결정적인 전쟁이었다면, 적벽대전은 손권으로서는 나라를 멸망 위기에서 구한 전쟁이고, 유비로서는 형주라는 근거지를 얻어 사천으로 뻗어나갈 발판을 만들었다는 점에서 대단히 의미 있는 전쟁이었죠. 자, 그런데 왜 갑자기 배에 풀을 싣고 화살을 빌려야 했을까요?

소설 《삼국연의》에 따르면 조조가 형주성을 접수하고 그 여세를 몰아 오나라를 공격하러 내려오자 유비와 손권은 제갈량과 노숙을 대표로 하여 조조에 공동 대응하는 군사동맹을 맺습니다. 그러나 오나라 총사령관 주유는 제갈량의 비범한 재능이 장차 오나라에 위협이 될 것을 직감하고 가급적 제갈량에게 어려운 일을 시켜 제갈량을 궁지로 몰아 제거하려는 계획을 세웁니다. 제갈량 괴롭히기의 첫 번째 작전이 바로 무리한 군수물자 조달 명령이었죠. 주유는 제갈량에게 이렇게 부탁합니다. 말이 부탁이지 군령으로 협박한거죠.

> 지금 우리 군중(軍中)에는 화살이 매우 모자랍니다. 번거롭지만 선생께서 감독하셔서 열흘 안에 화살 10만개를 만들어 주신다면 적을 맞아 싸우는 데 큰 도움이 될 것입니다. 이 일은 공적인 일이니 부디 마다하지 않으시기 바랍니다.[43]

열흘 동안 화살 10만개를 만들려면 하루에 1만개의 화살을 만들어야 하는데, 장인들을 다 동원해도 물자도 부족하고 시간도 부족하여 하루 천 개의 화살도 만들기 어려운 상황이었죠. 그런데 뜻밖에도 제갈량은 이렇게 대답합니다.

---

43 나관중 지음 · 이문열 평역, 《삼국지》 제6권(민음사, 1988), 26쪽

> 오늘이라도 조조의 군사가 올지 모르는데 열흘이나 기다린다는 너무 길지 않겠습니까? … 사흘이면 화살 10만개를 도독에게 바칠 수 있습니다.[44]

주유는 '이 사람이 미쳤나?' 생각했겠죠? 그러나 "전쟁에서의 약속은 곧 군령이니 군령을 어기면 사형이라는 거 아시죠?" 하면서 엄포를 놓습니다. 그러자 제갈량은 사흘 만에 화살 10만 개를 대령하지 못하면 군법에 따라 처형하라고 태연자약하게 대답하죠.

주유는 아무리 생각해도 사흘 만에 화살 10만 개를 만들어낸다는 제갈량의 말을 믿을 수 없어서 부하를 몰래 보내 제갈량을 염탐하게 합니다. 그런데 약속한 사흘에서 첫째 날도 둘째 날도 제갈량은 부하들과 술을 마시면서 화살을 만들 생각도 하지 않는 거죠. 드디어 약속한 마지막 날 드넓은 장강에 새벽 안개가 자욱히 낍니다, 한 치 앞도 보이지 않는 말 그대로 '오리무중(五里霧中)'이었죠. 그제서야 제갈량은 "자, 일하러 가자!"라고 외치며 미리 준비해둔 볏단을 잔뜩 실은 10척의 배를 끌고 조조의 배들이 모인 곳으로 접근하는 것이었습니다. 10척의 배가 쇠사슬로 묶어놓은 조조의 선단에 가까이 접근하자 갑자기 북을 둥둥 울리고 나팔을 불면서 소란을 피웁니다.

---

44 위의 책, 27쪽

그러자 안개 때문에 한 치 앞이 안 보이는 조조군은 적들이 기습한 줄 알고 놀라서 허둥지둥했겠죠? 의심 많은 조조 역시 물에서의 싸움은 서툴렀던지라 이렇게 명령을 내립니다.

> 안개가 짙고 강 위가 보이지 않는데 적군이 갑자기 몰려왔으니 반드시 매복이 있을 것이다. 경거망동하지 말고 일제히 소리나는 곳을 향해 화살을 퍼부어라![45]

말 그대로 조조군은 앞에 무엇이 있는지도 보지 못한 채 그저 앞을 향해 화살을 있는 대로 다 퍼붓습니다. 그렇게 한참의 시간이 지나자 제갈량은 "조승상! 화살 잘 쓰겠습니다."라고 외치고는 볏단에 가득 꽂힌 화살을 싣고 군영으로 돌아가서는 주유에게 배 열 척을 보여주며 이렇게 말하

---

45 나관중 지음 · 이문열 평역, 《삼국지》 제4권(민음사, 1988), 32쪽

죠. "배 한 척당 화살 만 대는 족히 될 것입니다."

주유는 제갈량이 이런 방법으로 화살을 조달할 줄은 꿈에도 몰랐기 때문에 제갈량의 지혜에 탄복하면서 동시에 오나라에 위협이 될 제갈량을 반드시 죽여야겠다는 마음을 먹게 됩니다. 이것이 바로 소설《삼국연의》에 나오는 초선차전의 이야기입니다.

자, 그런데 제갈량의 초선차전의 이야기는 실제 정사《삼국지》에는 나오는 이야기일까요? 아닙니다. 나오지 않습니다. 그럼 나관중은 천재네요? 역사 기록에 나오지도 않는 저런 기발한 이야기를 어떻게 혼자 머리로 생각해 내었을까요? 그것도 아닙니다. 사실 주인공은 제갈량이 아니지만, 배를 타고 가서 적으로부터 화살을 빌려왔다는 역사 기록이 있습니다.

이 기록의 주인공은 바로 손권인데요.《삼국지》오서〈오주전〉에 배송지 주석을 보면《위략(魏略)》을 인용하여 이렇게 기록하고 있습니다.

> (손권)이 큰 배를 타고 와서 군대를 살펴봤다. (조조)공은 화살을 마구 쏘게 해서, 화살이 그 배에 가득 떨어졌다. 그리하여 배가 한쪽으로 무게가 몰리자 기울어져서 전복되려고 했다. 손권은 배를 돌리게 하고, 다시 다른 편으로 화살을 맞으니, 화살이 균형을 이루어 배가 평정을 유지하였다. 그리고

돌아갔다.[46]

이 사건은 적벽대전이 끝난 지 5년 후에 일어난 유수구 전투에 관한 기록입니다. 유수구라는 곳에서 손권의 수군과 대치한 조조군은 전투 초기에 손권의 수군에게 크게 패하였기 때문에 병영을 굳게 지키고 싸우려고 하지 않았죠. 사실 북방의 조조군은 수전에 능하지 못한데 반해 오나라는 바다처럼 넓은 장강을 끼고 있어서 수전에 능한 데다가, 감녕 같은 유명한 해적 출신 장군도 있어서 병력이 훨씬 많아도 조조군이 손권군을 수전에서 이기기는 매우 어려웠죠.

위 기록을 보면 주인공이 제갈량에서 손권으로 바뀐 것과 볏단을 미리 준비한 게 아니라 우연히 화살을 맞게 되었다는 디테일한 부분을 빼면 거의 '초선차전' 이야기의 원형이라 할 만큼 유사하죠? 제갈량을 신출귀몰한 전략가로 만들기 위해 나관중은 더 나중에 일어난 사건을 앞당겨서 적벽대전으로 바꾸고 주인공도 손권에서 제갈량으로 바꿔서 초선차전의 이야기를 각색한 것입니다.

또 한 가지 이야기는 역사 기록은 아니지만 나관중이 《삼국연의》를 완성하는데 영향을 주었던 《삼국지평화》라는 강사(講史) 작품에 나오는 이야기입니다. 여기서 주인공은 이번에는 제갈량이 아니라 주유입니다. 잠깐

46 陳壽, 《三國志》(中華書局, 1962), p.1119

내용을 살펴보면요.

> 주유는 장막으로 선박을 덮었다. 조조가 화살을 쏘았다. 주유가 탄 배의 왼쪽 면에 화살이 박히자, 선원들에게 배를 돌리라고 명령했다. 그러자 오른쪽 면에 화살이 박혔다. 떠나올 때는 배에 화살이 가득 찼다. 주유가 돌아와 보니 약 수백만대의 화살을 얻었다. 주유는 기뻐서 말했다. "승상(조조)의 화살에 감사드립니다." 조조는 크게 대노했다.[47]

이건 뭐 주인공만 바뀌고 볏단만 없었지 완전히 초선차전 이야기와 동일하죠? 주유가 한 일을 제갈량이 한 것으로 둔갑시켰네요. 그러니까 배에 박힌 적의 화살을 우리 화살로 활용한다는 구상은 나관중의 순수 창작이 아니라 이전 기록을 참고하여 응용한 아이디어인거죠. 그럼 왜 나관중은 굳이 손권이 한 일을, 혹은 주유가 한 일을 제갈량이 한 것으로 고쳤을까요?

제갈량은 동남풍이 불 것을 어떻게 알았을까?

물론 제갈량의 신묘한 전략을 드러내어 그를 신격화하고 그로 인해 주인공 유비를 돋보이게 하려는 서사적 의도가 있었겠죠? 또 하나는 서사의

---

47 정원기, 《삼국지평화》(도서출판 청양, 2000), 265쪽

일관성을 유지하기 위해서였을 것입니다. 이야기라는 게 앞뒤가 맞아야 하잖아요? 앞에 뿌려둔 복선의 떡밥은 반드시 회수해야죠. 제갈량이 화살 10만개를 쉽게 조달하자 주유는 제갈량을 반드시 죽여 오나라의 후환을 없애겠다고 결심하고 이번에는 동남풍을 불게하기 위해 제사를 지내는 제갈량을 죽이도록 부하에게 명령합니다. 즉, 부하에게 이렇게 말하죠.

제갈량이 약속한 칠일 이내에 동남풍이 안 불면 군령을 위반한 죄를 물어 제갈량을 죽여라. 혹시 만약 그럴 리 없겠지만 그가 바람의 방향을 바꾸어 동남풍이 불게 한다면 그는 정말 오나라에 위험한 자이니 제단을 습격하여 제갈량을 죽여라!

자, 이제 제갈량은 동남풍이 불어도 죽고, 안 불어도 죽게 될 운명이네요. 근데 왜 동남풍이 불어야 하고 사람이 어떻게 바람의 방향을 바꿀 수 있는 거죠? 화살 10만개를 확보한 주유는 조조의 군대가 배 멀미를 심하게 하여 큰 배들을 쇠사슬로 연결하여 하나의 거대한 나무 데크처럼 만들어 흔들리지 않도록 하는 '연환계(連環計)'를 썼다는 것 알게 되죠.

여러분 수십 척의 큰 배들이 한 덩이로 묶여 있습니다. 우린 화살이 많습니다. 어떻게 공격하는 게 가장 효과적일까요? 네. 불화살을 날려서 화공으로 배들을 불태우면 되겠죠? 쇠사슬로 묶여서 도망갈 수도 없으니까요. 자, 그런데 바람은요? 때는 겨울이라 잘 알다시피 계절풍 지대인 우리나라와 중국은 겨울에는 북서풍이 붑니다. 동남풍은 여름에나 불죠. 그런데 조조의 배들은 북쪽 강변에 있고, 유비와 손권의 군대는 남쪽 강변에 있단 말이죠. 화공을 쓸래야 역풍이라 불화살을 날릴 수가 없죠. 사실 역풍이 없어도 화살이 날아가는 속도 때문에 불화살의 불이 꺼지기 십상인데요. 절망에 빠진 주유에게 제갈량이 신비한 '구라'를 칩니다.

> 제가 일찍이 한 이인(異人)을 만나 기문둔갑(奇門遁甲)에 관한 천서(天書)를 얻은 일이 있기에 바람을 부르고 비를 내리게 하는 법을 좀 압니다. 도독께서 동남풍이 필요하시다면 남병산에 칠성단을 하나 쌓아주십시오.[48]

주유는 어이가 없죠. '호풍환우'라는 건 바람을 부르고 비를 내리게 하는 술법인데 이건 신이나 할 수 있는 일이지 인간의 영역이 아니잖아요. 반신반의하는 주유에게 제갈량이 다시 한번 쐐기를 박습니다.

> 앞으로 칠일 동안 제단에서 바람의 방향을 바꾸는 제사를 지낼 터이니 동남풍으로 바람의 방향이 바뀌거든 신속하게 불화살로 공격을 하십시오!

정말로 동남풍이 불었을까요? 네. 소설 《삼국연의》에서는 동남풍이 불어서 거짓 항복한 황개가 배를 몇 백미터 앞까지 몰고 가죠. 그러다가 갑

---

48 나관중 지음 · 이문열 평역, 《삼국지》 제6권(민음사, 1988), 102쪽

자기 배에 불을 붙이고 조조의 배에 충돌을 시키죠. 그걸 신호로 해서 주유의 수군이 일제히 불화살을 퍼부어 조조의 거대 선단을 깡그리 불살라 버리고 육지에까지 올라가 조조의 영채마저 불태우는 대승을 거두게 됩니다.

그러면 제갈량은 주유의 부하에게 죽었을까요? 그럼 그 뒤의 이야기가 전개가 안 되겠죠? 제갈량은 조자룡에게 미리 편지를 써두었습니다.

'몇 월 몇 일경 동남풍으로 바람이 바뀌면 즉시 빠른 배를 타고 와서 나를 호위해 갈 것!'

자, 근데 여러분 제갈량이 신도 아니고 어떻게 바람을 바꿀 수가 있었을까요? 물론 정사 《삼국지》에는 제갈량이 바람을 바꾼 얘기는 나오지 않습니다. 애당초 불가능하니까요. 그런데 황개가 배를 가까이 끌고 가서 불을 붙여 조조의 배들을 불태웠다는 역사 기록은 존재합니다. 이 역시 화공이 성공하려면 최소한 역풍인 북서풍이 멈추어 줘야겠죠? 동남풍이 잠깐이라도 불어주면 더 좋고요. 그럼 하늘이 도와서 우연히 주유와 제갈량은 바람의 덕을 본 것일까요?

아닙니다. 그 보다는 장강의 중하류에 오래 살았던 제갈량과 주유가 그곳의 기후 변화를 면밀히 관찰하여 한겨울에도 며칠간 북서풍이 멈추고 잠시 동남풍이 부는 때가 있다는 것을 알고 있었다는 해석이 더 과학적이겠죠. 오늘날로 보자면 수년간 축적한 기후 데이터 분석을 통하여 안개가 낄 확률이 높은 날과 동남풍이 불 확률이 높은 기간의 데이터를 축적해 두고있다가 바로 그 시점에 화살을 빌리거나 화공을 실시했다고 보는 것이 합리적일 것 같습니다.

사실 장강 중하류 지역은 중국과 한반도에 영향을 미치는 4대 기단 가운데 양쯔강 기단의 영향이 제법 강하게 미치는 지역입니다. 물론 겨울엔 시베리아 기단의 영향력이 커지고 봄과 가을엔 양쯔강 기단의 영향력이 커지지만 한겨울이라도 며칠 동안 잠깐 날씨가 풀리면 양쯔강 기단이 힘을 받아 동남풍이 사나흘 정도 부는 것이 일반적인 현상이라고 합니다. 제갈량은 이러한 날씨 정보를 꼼꼼하게 체크하여 데이터를 기억해 둔 것이구요.

사실 적벽대전에 관한 이야기는 삼국이 다 관련된 전쟁이라서 위서와 오서, 촉서에 모두 기록이 나오는데요. 재밌는 것은 어느 나라의 각도에서 보느냐에 따라 기록이 조금씩 다르다는 겁니다. 즉, 어떤 기록에는 화공 이야기가 나오지 않고 다만 위나라 군대에 전염병이 돌아서 물러갔다는 정도로 간단하게 나오는가 하면, 어떤 기록에는 배를 모두 불태웠다는 기록도 있고요. 어쨌든 정사의 기록을 모두 종합해보면 적벽대전의 공통적인 결과는 '전염병으로 위나라 군대가 약해졌고 거짓 항복한 황개의 화공이 결정타가 되어 조조군이 크게 패했다' 정도로 정리할 수 있겠습니다.

제15강
제갈량이 마속을 떠나보낼 수 있었던 이유는?

이번 강의는 《삼국지》의 유명한 고사성어 중 하나인 '읍참마속'에 대해 이야기 해볼까 합니다. '읍참마속(泣斬馬謖)', 직역하면 '울면서 마속을 베었다'라는 뜻인데요. 일단 여기서 우리는 세 가지 궁금증이 생깁니다. 첫째, 마속이 무슨 잘못을 했길래 죽여야만 했을까? 둘째, 죽이면 죽이는 거지 왜 죽이면서 울어야 했을까? 그리고 마지막으로 더 근본적인 문제, 울면서 죽여야만 했던 마속이라는 인물은 대체 어떤 사람이었을까?

이제 이 질문들에 대한 해답을 역순으로 찾아보기로 하겠습니다. 마속은 어떤 인물이었을까요?

《삼국지》 촉서에는 따로 마속의 전기는 없고 그의 형인 〈마량전〉의 뒷부분에 마속에 대한 언급이 짧게 등장합니다. 마량과 마속 형제는 형주 지역에서 이름난 젊은 인재들로서 마량은 '백미(白眉)'라는 성어의 주인공이기도 하죠. 즉, 형주에서 발굴한 인재 중 하나인 이적이 '마씨 5형제'를 유비에게 추천하였는데, 형인 마량은 형주에 주둔하고 막내인 마속은 유비를 따라 촉 땅으로 들어오게 됩니다.

마속은 서기 190년에 태어났으니까 181년에 태어난 제갈량과는 9살 차이가 납니다. 마량이 제갈량에게 보낸 편지에 형님이라는 호칭을 쓴 것으로 보아[49] 제갈량과 마량은 의형제나 다름없는 가까운 사이였다는 걸 알 수 있습니다. 그러니까 동생의 동생이었던 마속 역시 제갈량은 거의 막내 동생처럼 잘 보살펴 주었겠죠. 마속이 죽기 전에 감옥에서 제갈량에게 보낸 편지에 보면 제갈량을 아버지나 스승님처럼 따랐다고 적고 있습니다.[50]

사실 제갈량과 마량은 형주 인재 커뮤니티의 핵심 멤버였으니까 마속 역시 제갈량이 자신의 후계자처럼 키우고 싶은 인재였을 겁니다. 사실 우리나라도 마찬가지지만, 땅이 넓고 왕래가 오늘날처럼 쉽지 않았던 고대 중국에서는 같은 방언을 사용하는 같은 지역 출신, 즉 지연의 중요성은 매우 컸다고 할 수 있겠습니다. 이런 관점에서 보면 아마 유비는 뒤늦게 결혼한 손권의 누이동생 손상향과는 통역이 필요할 정도로 소통이 잘 안 되었을 겁니다. 강동 지역에서 나고 자란 손상향과 북방에서 태어나 강동에는 가본 적도 없는 유비는 사용하는 언어가 거의 외국어만큼이나 차이가 컸을 테니까요. 어쩌면 두 사람은 늘 통역을 대동하고 생활해야 했을

49 진수 지음 · 김원중 옮김, 《正史 삼국지·촉서》(민음사, 2007), 244쪽
50 위의 책, 245쪽

지도 모릅니다. 그러니 같은 출신 지역 사람들과 가깝게 지내게 되는 것은 너무나 자연스러운 일이겠죠.

거기다가 형주의 인재 그룹들은 지연 외에도 추구하는 학문의 스타일이 유사하다는 공통점이 있는데요. 이들은 학문 연구를 위한 학문보다는 세상을 경영하는 '경세치용(經世致用)'의 학문을 추구했다는 점에서 이들의 학문을 '형주학(荊州學)'이라고 부르기도 하고 이들 인재 집단을 '양양 그룹'이라고 부르기도 하죠.[51] 요즘 말로 하면 코드가 맞다고 할까요? 그렇다면 이런 상황인 셈이겠죠. 같은 고향 후배인데 코드도 비슷해요. 당연히 가까워질 수밖에 없겠죠. 잘 가르쳐서 후계자로 키우고 싶겠죠?

제갈량에게 마속이란 인물은 바로 그런 정이 가는 전도유망한 청년 인재였던 거죠. 마속이 자신의 능력을 발휘하는 역사서의 기록은 많지 않습니다만, 촉서 〈마량전〉의 배송지 주에는 제갈량이 남만을 정벌하러 갈 때 마속이 했다는 조언이 전해집니다.

> **무릇 전쟁의 원칙은 마음을 굽히는 싸움이 상책이고 무기로 싸우는 것은 하책이라 합니다. 원컨대 공께서는 그들의 마음을 굽히도록 하십시오.[52]**

제갈량은 이 계책이 옳다고 여겨 맹획을 '칠종칠금(七縱七擒)'하였고 이

51 와타나베 요시히로 지음 · 노만수 옮김, 《삼국지 인재전쟁》(더봄, 2023), 207쪽
52 진수 지음 · 김원중 옮김, 《正史 삼국지·촉서》(민음사, 2007), 244쪽

로 인해 제갈량이 세상을 떠날 때까지 남쪽은 두 번 다시 반란을 일으키지 않았다는 기록이죠.

이로부터 2년 뒤 서기 227년 제갈량은 드디어 그 유명한 〈출사표(出師表)〉를 황제에게 올린 뒤 제1차 북벌을 감행합니다. 그리고 다음해 봄 우선 산길이지만 지름길인 기곡으로 조운과 등지의 부대를 보내어 기곡을 통과하여 장안을 공격하려는 것처럼 위장 공격을 벌입니다. 위나라의 조진이 이끄는 대부대가 입구인 사곡구를 열심히 막는 동안 제갈량의 본대는 옆으로 우회하여 기산 쪽으로 진출합니다. 그리고 그 쪽에 있는 위나라 영토였던 남안, 천수, 안정 세 군을 확보하여 위나라를 깜짝 놀라게 만들죠.

이에 위나라 명제는 명장 장합을 보내어 촉나라 군대의 동진(東進)을 막도록 명합니다. 제갈량은 위나라 군이 통과할 수밖에 없는 가정(街亭)이라는 곳에서 이들을 물리칠 선봉부대를 보냅니다. 사람들은 모두 남아있는 장수 가운데 가장 믿을만한 위연을 보낼 거라고 생각했지만, 의외로 제갈량은 실전 경험이 없는 마속을 선봉장으로 임명하여 가정에서 장합과 싸우도록 보냅니다.

그런데, 마속은 적이 통과할 길목에 진채를 세우라는 제갈량의 명령을 무시하고 대군을 이끌고 산 위로 올라가 진지를 구축합니다. 고지대를 점거하여 위에서 아래로 공격하는 지형적인 이점을 취하려 했겠죠. 마속의 부장 가운데 한명인 왕평이 강력하게 반대했음에도 자신의 주장을 고집

한 것이죠. 그러나 백전노장 장합은 마속이 점거한 산 위로 공격을 하는 대신 산 전체를 포위하여 보급을 끊어버리는 작전을 세웁니다. 물과 식량의 보급이 끊긴 마속의 부대는 산 위에서 허무하게 전멸당하고 맙니다. 마속은 부하 몇 명과 함께 탈출하였으나 다시 촉한에 자수하여 감옥에 갇히게 되죠. 마속의 가정 전투를 사마광의 《자치통감》에서는 이렇게 기록하고 있습니다.

> 마속은 제갈량의 절도를 지키지 아니하면서 행동거지가 혼란스러웠으며, 물을 버리고 산을 올라, 아래에 있는 성을 점거하지 않았다. 장합이 그 급도를 끊고 공격해 대파하니 마속의 병사들이 모두 흩어지게 되었다.[53]

이 기록에서 몇 군데 주목할 부분이 있습니다. 먼저 제갈량의 절도를 지키지 않았다는 부분이죠. '절도(節度)'란 행동 수칙을 자세하게 가르쳐주었다는 뜻입니다. 즉, "네가 선봉대장 맡아서 알아서 가정을 지켜!"라고 명령한 것이 아니라, "어디를 어떻게 지키고 무슨 역할을 해야 하며, 본진이 언제까지 도착할거니까 너는 얼마 동안만 적들과 버티면 된다. 이거 이거를 주의해라." 등등 디테일하게 가르쳐주었다는 뜻입니다. 제갈량은 왜 이렇게 꼼꼼하게 가르쳐주듯이 일을 맡겼을까요? 못미더웠겠죠? 불안

---

53 사마광 지음 · 권중달 옮김, 《資治通鑑·삼국시대》(삼화, 2007), 164쪽

했겠죠? 가정 전투가 너무 중요했겠죠? 그럼 안 맡겼으면 되잖아요? 백전노장 위연에게 맡겠으면 별 문제 없었잖아요?

사실 가정 전투는 촉한의 1차 북벌 전쟁에서도 가장 핵심이 되는 전투였습니다. 가정에서 장합을 물리치면 진창으로 진출할 수 있고, 그렇게 되면 장안의 서북쪽 지역은 안정적으로 촉한의 영토가 됩니다. 게다가 진창을 확보하면 장안과도 가까워져서 호시탐탐 장안으로 공격을 시도할 수 있으니 위나라는 불안해지는 것이고요.

왜 제갈량은 가정을 위연에게 맡기지 않은 것일까?

아마도 제갈량은 이런 중요한 전투를 자신의 후계자가 될 마속에게 맡겨서 그에게 확실한 공적을 세울 기회를 주고 싶었을 겁니다. 물론 마속

본인이 강력하게 자신을 선봉대로 써달라고 조르기도 했고요. 그래서 제갈량은 마속에게 최대한 자세한 행동지침을 말해주면서 혹시나 하는 마음에 믿을만한 부장까지 네 명이나 묶어주었습니다. 그 중에 왕평이라는 부장은 자기 부대만 별도로 산 아래 남겨서 장합이 진격하는 속도를 저지시키기도 했죠.

또 하나 《자치통감》 기록 가운데 주목할 부분은 '물을 버리고 산에 올랐다'라는 부분입니다. 여기서 물을 버렸다는 말은 실제로 식수를 버리고 산에 올랐다는 게 아니라 산에 오르면서 식수를 확보할 생각을 하지 못했다는 뜻입니다. 사실 사람에게 식량보다 더 중요한 게 식수죠. 일주일 굶어도 살 수는 있지만 물은 3~4일만 못 마셔도 죽으니까요. 혹자는 이렇게 당연한 이치를 왜 마속이 몰랐을까 의문을 제기하면서 그가 물이 풍부한 형주 사람이었기 때문이라고 해석을 하기도 합니다. 장강과 한수에 둘러싸인 형주 지역에서는 물이 넘쳐서 문제지, 물이 없을 수도 있는 상황은 생각하지 못했을 수도 있으니까요.

어쩌면 그보다 마속은 첫 전투에서 확실한 공적을 세우려고 과욕이 앞서서 본인의 임무를 망각했을 가능성이 큽니다. 즉, 제갈량이 지시한 것은 가정의 길목을 지키면서 본대가 도착할 때까지 장합의 군대를 저지하고, 혹시 장합이 다른 길로 우회하려고 하면 뒤를 쳐서 타격을 입히라는 방어 위주의 지시였는데, 마속은 산 위에 올라가서 장합의 대군이 아래를 지나갈 때 대대적인 섬멸 작전을 수행하려고 했던 것 같습니다. 그 지역에 대해 밝은 왕평이 산에서 고립될 우려를 들면서 강력하게 만류했는데도 귀 담아 듣지 않은 것을 보면 이미 과욕에 눈이 멀었던 것이 아닌가 생각해봅니다.

여기서 우리는 유비가 백제성에서 죽기 전에 제갈량에게 남겼다는 여러 유언 가운데 마속에 관한 이야기를 떠올리지 않을 수 없습니다. 촉서 〈마량전〉에는 이렇게 기록되어 있습니다.

> 선주가 임종 때에 제갈량에 이르길 '마속은 말이 그 실제보다 과장되니[言過其實], 크게 기용할 수 없소. 그대가 이를 잘 살펴보시오.'라고 했다. 제갈량은 오히려 그렇지 않다고 생각하여, 마속을 참군으로 삼고 매양 불러서 얘기하기를 밤낮으로 하였다.[54]

참 놀라운 기록입니다. 이 기록은 유비와 제갈량 두 사람 중 한 명은 무조건 잘못했다는 결론이 나오게 되는데요. 결과론으로 보면 유비가 사람 보는 눈이 정확했고, 제갈량은 마속을 완전히 잘못 판단했다는 결론으로 귀결이 됩니다. 한 가지 더 놀라운 것은 제갈량이 유비의 유언을 정면으로 거역했다는 것이죠. 물론 자신의 주군이 하는 유언을 100% 다 맹종해야 하는 것은 아니지만, 〈출사표〉를 보더라도 유비에 대한 충성심 하나로 남은 평생을 고생하며 살았던 제갈량이라는 사람을 다시 보게 하는 기록

54 진수 지음 · 김원중 옮김, 《正史 삼국지·촉서》(민음사, 2007), 230쪽

이죠. 자 그럼 왜 제갈량은 '실제 능력보다 말만 번지르르했던' 마속을 그렇게 중용했다가 엄청난 실패를 당하게 된 것일까요?

사실 마속이 패배를 했으니 그렇지 제갈량이 시킨 대로만 해서 가정을 잘 막아 성공을 했더라면 어땠을까요? 제갈량의 촉한은 북벌을 성공시켜 장안까지는 공격을 못했다 하더라도 장안의 길목 요충지를 확보함으로써 영토를 넓히고 국력을 신장시킬 수 있었을 것입니다. 마속은 제갈량의 뒤를 잇는 인재로 성장할 수 있었겠죠. 뭐 역사에 가정은 없으니 안타까울 따름이지만요.

아마도 제갈량이 마속을 중용하게 된 근본적인 바탕에는 촉한의 인재 부족을 원인으로 들 수 밖에 없겠습니다. 자신과 비슷한 나이의 전략가들인 방통과 법정은 35세와 45세에 이미 세상을 떴고요. 가장 아끼던 동생 마량도 이릉대전 와중에 죽어버렸습니다. 사실 이릉대전은 그 준비 과정부터 패배라는 결과에 이르기까지 너무나 많은 장군과 인재들을 죽게 만든 촉한의 가장 큰 손실이었습니다. 장군으로는 장비, 마초, 황충이 죽었고요. 너무 많은 병사와 인재들이 죽어서 촉한에 관료 자리를 채우기가 어려웠을 정도라는 기록이 있으니까요.[55]

애당초 219년에 관우가 형주를 잃고 죽지만 않았더라면 그 뒤에 이릉대전도 없었을 것이고 제갈량이 서둘러 한중으로 북벌을 시도하지도 않

---

55 와타나베 요시히로 지음 · 노만수 옮김, 《삼국지 인재전쟁》(더봄, 2023), 224쪽

았을 것입니다. 223년 유비가 세상을 떠난 뒤 그 엄청난 물적 인적 손실에도 불구하고 2년 뒤에 남만 정벌, 또 2년 뒤에 북방 정벌을 나섰으니 이건 제갈량의 부지런함을 칭찬하기에 앞서 뭔가 지나치게 서두르는 것 아닌가 하는 의문이 들게 하는 대목입니다. 북벌을 통한 장안 수복이라는 엄청난 프로젝트를 이렇게 짧은 기간에 준비해서 실행한다는 것이 과연 가능한 일이었나 싶기도 하고요.

제갈량은 마속을 굳이 죽여야만 했을까?

자, 이제 처음에 던졌던 질문에 대한 이야기를 해보죠. 즉, 마속이 엄청난 패배를 한 것은 알겠는데, 정말 꼭 죽여야만 했을까요? 울면서 죽이지 않고 웃으면서 기회를 한 번 더 주면 안되었을까요?

사실 제갈량이 마속을 죽인 것에 대해서는 후세의 역사가들도 의론이 분분하였습니다. 《한진춘추》를 쓴 습착치는 제갈량이 마속을 죽인 것이 큰 실책이었음을 대놓고 지적하였습니다.

이제 촉은 궁벽한 한 귀퉁이의 나라로 인재가 위나라보다 적은데 그 준걸을 죽이고 물러서서 어리석은 자를 거두어 쓰니 법을 밝히는 일을 인재보다 중히 여겼던 것이다. … 만약 사람을 알아보는 일에 허물이 있었다면 주군의 가르침을 위배한 것이고, 능력을 헤아림에 실수가 있었다면 유익한 인재를 죽인 꼴이다. 이를 두고 보면 제갈량을 지혜로운 자라 말하기 어렵

다 할 것이다.[56]

즉, 위에서 유비가 한 말을 들어서 제갈량은 주군의 명령을 듣지 않았거나, 정말 스스로가 마속이 뛰어난 인재라고 생각했으면 계속 믿고 공을 세울 수 있게 기회를 주었어야 한다는 주장이죠. 제갈량과 함께 양양 그룹의 멤버였던 장완도 미속에게 공을 세울 기회를 주어 그것으로 이번 실수를 만회하게 하자고 건의했습니다. 그러나 제갈량은 이렇게 말하면서 그러한 건의를 거절합니다.

> 손무가 능히 천하에서 제압하여 승리했던 까닭은, 법을 운용하는 데 밝았기 때문이오. … 사해가 분열되고 군대의 교전이 이제 막 시작되었는데, 만약 다시 법을 폐한다면, 무얼 써서 적을 토벌하겠소?[57]

즉, 인재는 아깝지만 군법을 엄정하게 집행하는 것이 더 우선이라는 말이었죠. 혹자는 이 대목에서 제갈량이 유가사상보다는 법가사상에 가까운 사람이었다고 주장하기도 합니다. 물론 제갈량은 촉 땅에 들어간 뒤부터 엄격한 법 집행을 강조하였습니다. 누군가가 제갈량에게 "이제 막 촉 땅에 들어왔는데, 좀 너그러운 정치를 해야하지 않겠습니까?" 라고 건의

56 易中天 지음 · 홍순도 옮김, 《삼국지강의2》 (김영사. 2007), 321쪽
57 나관중 지음 · 이문열 평역, 《삼국지》 제9권 (민음사, 1988), 331쪽

하자 제갈량은 진시황의 가혹한 법률에 고통받던 한나라는 너그러운 정치로 이를 풀어줘야 하지만, 유장은 그 반대로 원칙없는 법 적용으로 국가의 행정이 흐지부지 된 것이므로 법 기강을 세워 백성들의 준법의식을 높이는 것이 급선무라는 견해를 보이죠.

사실 제갈량이 마속을 죽여야 했던 이유는 법 집행의 엄정함 외에도 정치적인 이유가 있었습니다. 이 당시 촉한의 지배 권력은 제갈량을 필두로 대부분 형주 명사 출신의 인재들이었습니다. 223년 이릉대전으로 형주를 되찾았다면 촉한은 형주+익주의 연합정권이 되었겠지만, 이제 형주를 완전히 상실한 이상 익주만의 지방정권이 되고 만 것입니다.

그런데, 익주 정권의 실세들은 대부분 익주 토착세력이 아니라 형주 그룹이었던 것이죠. 물론 역사 기록에 익주 출신과 형주 출신의 알력이 표면화되어 기록된 내용은 보이지 않습니다만, 제갈량 입장에서는 자신의 고향 후배를 살려서 기회를 한번 더 줌으로서 얻을 수 있는 정치적 이득보다는 자신과 사적으로 가장 가까운 인재라도 엄정하게 처리한다는 모습을 익주의 토착 관료와 익주 출신 병사들에게 보여줌으로서 국가통치의 공평무사함을 보여주는 것이 더 나았다고 판단했을 것입니다. 실제로 촉서 〈제갈량전〉에는 "한중으로 돌아와 마속을 죽여 병사들에게 사죄했다"

라고 기록되어 있습니다.[58] 그리고 자신의 직위 역시 스스로 세 등급을 낮추었죠.

인재의 부족과 민심의 이반이라는 두 어려움 속에서 결국 인재를 버려서 민심을 잡은 제갈량의 이런 결정에 저는 개인적인 추측을 하나 더 해봅니다. 그것은 마속이라는 후배를 참하기 직전 제갈량이 자신의 후계자임을 직감한 엄청난 젊은 인재를 얻게 되었다는 점입니다. 바로 제갈량 사후 촉한의 후반부를 책임진 강유(姜維)라는 장수를 얻은 것이죠.

마속이 가정전투에서 실패하기 직전 제갈량의 본진은 위나라의 남안 · 천수 · 안정의 세 군을 손에 넣었는데, 그 과정에서 천수를 지키던 강유를 계책을 써서 오갈 데 없이 만들어 촉나라로 투항하게 만듭니다. 강

58 진수 지음 · 김원중 옮김, 《正史 삼국지·촉서》(민음사, 2007), 123쪽

유가 투항하자 제갈량은 직접 수레에서 내려와 강유를 일으키며, "내가 평생 배운 바를 현명한 이에게 전하려 했으나 마땅한 인재를 못 찾아 초조하던 터인데, 이제 백약(강유의 자)을 만났으니 소원을 이룬 것이나 마찬가지다"라고 극찬하였다는 소설의 내용으로 보아 제갈량은 강유를 본 순간 자신의 후계자로 결정했음을 알 수 있습니다. 이런 과정으로 보아 제갈량이 너무나도 아까운 막내 동생 마속을 참할 수 있었던 배경에 그를 대체하고도 남을 강유라는 인재를 얻었기 때문은 아니었을까 생각해 봅니다.

第16강
수어지교(水魚之交) - 협(俠)과 법(法)의 만남

이번 강의에서는 '협(俠)과 법(法)의 만남'이라는 주제로 유비와 제갈량의 관계를 이야기해볼까 합니다. 우리 세대들은 삼국지 매니아가 많습니다. 제가 대학생이던 시절에 이문열의 평역《삼국지》가 몇 년간 부동의 베스트셀러 1위를 찍었었고요. 90년대 초반부터 일본 코에이사에서 시뮬레이션 게임 삼국지가 출시되기 시작한데다가, 고우영의 만화《삼국지》역시 그 시절 대단히 인기 있는 만화였기 때문에 자연스럽게 삼국지 스토리를 접하게 될 기회가 많았던 것이죠.

이렇게 우리들은 소설이나 영화, 혹은 만화나 게임 등을 통해서 삼국 이야기를 처음 만나게 되었기 때문에 그러한 서사의 영향을 받아 주인공에 대한 고정관념이 생기게 되는 것 같습니다. 그래서 조조는 영리하지만 간사하고 잔인한데, 유비는 싸움은 좀 못하지만 덕이 있고 겸손하여 민심을 얻는 주인공이 되었다는 이미지를 머리 속에 가지게 됩니다.

그런데 역사 기록의 행간을 살펴보다 보면 이런 이미지는 후대 소설가들이 만들어낸 문학적 이미지이고요. 역사 기록을 통해 재구성된 모습은 많이 다르다는 것을 알게 됩니다. 먼저 대표적인 법가 사상가인 한비자가 진시황에게 역설했던 내용을 잠깐 살펴보겠습니다.

> 유생은 학문으로 법을 어지럽히고, 협객은 무력으로 금령을 범하는데, 군주들이 이들을 모두 예우하고 있으니 이것이 나라가 혼란스럽게 된 이유입니다.[儒以文亂法, 俠以武犯禁, 而人主兼禮之, 此所以亂也.]
>
> …
>
> 법을 어기면 벌을 받아야 하는데도 여러 유생들은 학문으로 등용되고 있고, 금령을 범하면 죽여 마땅한데도 여러 협객들은 사사로이 길러지고 있습니다.[夫離法者罪, 而諸先生以文學取 犯禁者誅, 而群俠以私劍養][59]

한비자는 진시황에게 나라를 강하게 만들기 위한 방책을 설파하는데요. 나라를 좀먹는 계층으로 유생과 협객을 꼽고 있습니다. 한비자가 이렇게 강력하게 주장하고 있다는 것은 그만큼 당시 사회에서 유(儒)와 협(俠)이 유행하고 있음을 반증하는 것이겠죠.

그런가 하면 사마천은 사기 열전에 아예 협객들의 이야기를 따로 모아

---

59 韓非子著·王先愼撰,《韓非子集解》(中華書局, 1998), p.449

〈유협열전〉이라는 열전을 만들었는데, 유협들을 의리와 신뢰를 갖춘 당대의 호걸들이라고 높이 평가하였습니다. 한비자가 그토록 비난하던 협(俠)을 사마천은 왜 그렇게 높이 평가했을까요? 이 문제는 법(法)이라는 것을 한비자와 사마천이 어떻게 생각했는가의 입장의 차이로 인하여 발생한 것이라고 볼 수 있습니다.

여러분, '법은 만인에게 평등하다' 이런 말 당연히 들어보셨죠? 만인에게 공평하게 적용되지 않으면 법이 아닌거죠. 그런데 여러분 가슴에 손을 얹고 진지하게 생각해 봅시다. 과연 법은 만인에게 평등하게 적용되고 있을까요?

에이, 지금 사회 분위기가 썩어서 그렇지, 법의 원래 취지는 예외 없이 만인에게 적용되는 것이잖아요.

과연 그럴까요? 한비자가 강조한 법은 예외 없이 모두가 지켜야 하는 절대적 원칙이었을까요? 한비자는 귀족이건 유생이건 협객이건 누구라도 법을 두려워하고 준수해야만 나라의 시스템이 돌아가고 강력한 국가가 될 수 있다고 주장합니다.

그런데, 단 한 명 예외가 있죠. 바로 왕입니다. 그래서 절대 군주제 국가인 고대 중국에서 법의 시작은 국법(國法)이 곧 왕법(王法)이었던 것입니다. 왕의 명령이 바로 법인 것이죠. 한비자가 말한 법의 핵심은 고관대작이건 평민 백성이건 책 많이 읽은 유생이건 싸움 잘하는 협객이건, 왕이 명령한 법 앞에서는 모두 다 똑같은 존재여야 한다는 것입니다. 그래서 왕의 법을 어긴 자는 지위 고하를 막론하고 똑같은 벌을 받도록 해야 한다는 주장입니다. 아니, 이거 당연한 거 아니에요? 지위와 신분에 따라 법이 달리 적용되면 누가 법을 지키려고 하겠어요?

네. 지금 생각하면 당연한 원칙이 저 당시에는 너무나 혁명적인 생각이었습니다. 저 당시에는 "예는 백성에게까지는 미치지 않고, 형벌은 대부에게는 적용되지 않는다. [禮不下庶人, 刑不上大夫]"[60]라는 주나라 때부터의 원칙이 통용되고 있었는데요. 저 말은 '예라는 것는 일반 백성들에게는 적용되지 않고, 형벌은 대부까지는 미치지 않는다'라는 뜻입니다. 즉, 춘추시대가 끝나고 전국시대가 되면서 생산력의 발전과 함께 새로운 패러다임의 국가가 필요한 단계였지만 여전히 주나라 때의 사회제도를 이상적인 것으로 생각했던 경대부(卿大夫) 계층과 유가(儒家) 학파를 중심으로 한 보수층들은 신분에 따른 차별과 가문의 일은 가문에서 알아서 해결한다는 자치적인 종법 질서를 고수하려는 경향이 강했던 것입니다.

그러니 엄정한 법치를 통해 강력한 국가를 만든 진나라는 법이라는 것을 통해 중국을 통일하는 데는 성공했을지 몰라도 지나치게 가혹한 법 때문에 급속히 무너지게 되었죠. 게다가 고대 중국의 법치는 시작부터 치명적인 결함을 가지고 있었습니다. 즉, 왕을 예외로 하는 법이라면 시간이 지나면 왕이 총애하는 왕비도 예외가 될 것이고, 이런 식으로 하나 하나

---

60 《禮記》〈曲禮〉편 참고

법망을 빠져나가는 기득권 세력들이 생기는 건 당연한 일이었겠죠? 그러니 결국 나라의 법 집행이라는 것이 백성들의 눈에는 관료들의 가혹한 폭력과 수탈이라는 모습으로 보이게 되는 것입니다.

게다가 지역의 대 가문인 호족들은 이러한 법을 무시하고 있으니, 백성들은 자기를 수탈하는 이러한 법 보다는 가혹한 탐관오리를 응징하는 협(俠)에게 열광하게 되었던 것입니다. 이러한 유협(遊俠) 열풍은 나라가 혼란기에 접어들수록 법의 공백을 틈타 온 나라에 유행하게 되었는데요. 사마천에게는 이 외에도 유협을 동경할만한 사정이 있었습니다. 그게 대체 무엇이었을까요?

여러분! 사마천은 중국 최초의 정사(正史)인 《사기(史記)》를 완성한 사람이죠? 근데 혹시 사마천이 한무제로부터 어떤 형벌을 받았는지는 아시나요? 네. 사마천은 자신의 친구인 이릉장군이 흉노에게 항복한 것을 변호하다가 황제의 노여움을 사서 사형죄에 처해집니다. 그런데, 그 당시에 사형 판결을 받은 사람은 세 가지 선택을 할 수 있었어요. 즉, 원래대로 사형을 당하든가, 아니면 성기를 제거하는 궁형을 택할 수도 있었습니다. 그리고 마지막 선택지가 있는데 10만 냥의 보석금을 내고 사면을 받을 수가 있었습니다. 그래서 당시 관료들은 돈이 있으면 보석을 받고, 돈이 없으면 사형을 선택하는 게 대부분이었습니다.

왜 궁형을 선택하지 않았을까요? 그래도 목숨은 건지잖아요? 아닙니다. 사실 그 당시는 의술이 그다지 좋지 않았기 때문에 궁형을 받다가 통증이나 과다 출혈을 못 이겨 사망하는 경우도 많았습니다. 그러니 돈이 없으면 차라리 명예롭게 죽음을 택했던 것이죠.

그런데 왜 사마천은 굳이 위험하고 고통스럽게 궁형을 택했을까요? 네. 일단 돈이 없었으니 보석을 받을 수는 없었고요. 아버지가 남겨준 숙제인 역사서 완성을 다하지 못했으니 죽을 수도 없었습니다. 이런 사마천 입장에서 생각해 보세요. 황제가 자기 기분 상했다고 멋대로 법이랍시고 사람을 죽입니다. 돈 많고 빽 있는 놈들은 죽을 죄를 지어도 보석금 내고 풀려나요. 자기는 억울하게 죽고 싶어도 못 죽고 그 고통을 참아내야 해요. 법이라는 것이 사마천에게는 얼마나 자의적이고 위선적인 것이었겠어요? 이런 법을 아무렇지도 않게 어겨가며 마음 내키는 대로 행동하는 유협들을 보면 얼마나 부러웠을까요?

한비자의 법(法)과 사마천의 협(俠), 백성들은?

유협의 이야기를 너무나 길게 하고 있네요. 끝으로 순욱과 함께 영천 집단의 일원이었던 대학자 순열(荀悅)이 편찬한 《한기(漢紀)》라는 책에 기록한 유협에 대한 서술을 한번 보겠습니다.

기세를 세우고, 위복을 멋대로 만들며, 사적으로 결의를 맺고 이를 통해 세

상에 강력한 세력을 세우는 자들을 유협(遊俠)이라고 부른다.[61]

오늘날 식으로 해석하면요. 어깨에 힘을 잔뜩 주고, 위협과 특혜를 제멋대로 하며, 멋대로 의형제를 맺는 집단이라는 것이죠. 여러분 이 해석을 보면 오늘날 어떤 사람들이 떠올라요? 딱 건달이나 조폭들이 떠오르죠? 그런데 여기서 '結私交', 즉 '사적으로 결의를 맺는다'라는 표현을 보면《삼국지》에서 뭐 떠오르는 장면 없으세요?

네. 바로 '도원결의(桃園結義)'가 떠오릅니다. 유비, 관우, 장비가 맺었다는 도원에서의 의형제 결의가 바로 유협들의 전형적인 짓거리였다는 거죠. 그럼 유비가 조폭 두목이었다는 건가요? 너무 이미지가 깨는데요? 유

61 立氣勢, 作威福, 結私交, 以立强于世者, 謂之遊俠.

비만 그랬던 것이 아닙니다. 아까 말했듯이 중국 전통 사회에서는 조정과 관료사회에서는 유협을 싫어했지만 호족들이나 민간에서는 유협을 대단히 멋있는 존재로 보았기 때문에 공부를 열심히 해서 대학자가 되지 않을 바에야 무술을 익혀 유협이 되려는 사람들이 많았습니다. 유비의 롤모델이었던 한 고조 유방도 유협 출신이었고, 우리가 잘 아는 당대 최고의 시인 이백도 젊어서는 유협이 되려고 칼 가지고 장난치다 사람도 죽이고 했으니까요.

특히 후한 말기처럼 혼란기에는 웬만한 영웅들은 다 유협 출신이라고 할 만큼 협 의식이 보편적이었습니다.

여러분 한번 상상해 보세요. 내가 삼성 가문의 재벌 2세인데 군대에서 수도경비사령관이 되었어요. 근데 동시에 서울 강남의 가장 큰 조폭 집단의 두목이기도 해요. 이런 조폭 집단은 잘 나갈까요? 아님 못 나갈까요? 에이 그런 말도 안 되는 상상이 어디 있냐고요? 소설도 저렇게는 안 쓰겠다고요? 근데 저게 바로《삼국지》에 나오는 원술이라는 인물의 실제 모습이었거든요. 원술은 당시 중국 최고 가문인 여남 원씨의 적자인데다가 한나라 조정에서는 호분중랑장이라는 고위직 장군이었는데, 정작 본인이 가장 관심 있었던 것은 유협들을 조직해서 두목 노릇하는 것이었어요. 그 밑에 몰려든 수많은 유협들 중 하나가 우리가 잘 아는 손견이죠. 손견도 역시 강동의 유협 집단이었고요.

사실 전란이 끊이지 않는 시절에는 조정이 제 기능을 못하니까 인재들이 어떤 식으로 명망을 얻게 되냐면요. 문인 계통의 사람들은 유명한 품평가한테 평가를 받으면 유명해지게 됩니다. 마치 타임지 표지에 이 달의 인물로 알려지는 것처럼 말이죠. 그럼 무인들은 어떻게 해야 명성을 얻게 되느냐? 유명한 사람을 죽이면 됩니다. 어떤 유명한 사람요? 탐관오리나 유명한 도적 두목을 죽이면 됩니다. 그럼 사람들 입에 오르내리게 되고 유협 집단의 두목 눈에 띄어서 의형제를 맺게 되는 거죠.

역사서에는 정확히 기록되지는 않았지만, 관우가 산서성에서 유비가 있는 하북성까지 도망쳐 온 이유를 그 지역의 탐관오리를 살해했기 때문이라고 추측하는 학자들이 많습니다. 고향에서 도망쳐 온 협객 관우가 탁군 지역에서 나름 세력을 이끌던 유비 장비 집단과 의기투합하여 결의를 하게 된 것이죠.

자, 이제 유협 집단 유비파의 성장에 대하여 살펴보도록 하죠. 사실 예나 지금이나 어떤 조직이 성장하려면 가장 필요한 두 가지가 뭘까요? 네. 바로 자금과 인맥이겠죠? 그리고 이 둘은 서로 상승작용을 해주고요. 자금으로 인맥을 관리하고 그렇게 관리한 인맥이 더 많은 자금을 얻게 해주는 시스템이죠. 유비파는 결성 직후 장세평, 소쌍 같은 상인들에게 투자(?)를 받아 말과 의병을 구합니다. 그러나 이걸로는 중앙 무대로 진출하기는 턱도 없죠.

유비의 유일한 인맥 노식 선생님!

몰락한 돗자리 장수 유비의 유일한 인맥은 바로 그의 스승이었던 노식이었습니다. 유씨 집안의 먼 친척이 15살의 유비를 당시 유명한 학자였던 노식에게로 유학 보내준 것인데요. 오늘날로 치면 강남의 특목고에 입학시켜 준 것이죠. 거기 가서 유비가 공부를 잘 했느냐 하면 그렇지 않은 것 같습니다.

> 책 읽기를 그다지 좋아하지 않았고, 개나 말이나 음악이나 아름다운 옷 같은데 관심이 많았다.[62]

사실 웬만하면 전기를 쓸 때는 좋은 방향으로 써주는데도, 저렇게 기록되어 있는 걸 보면 유비는 아예 공부에는 관심이 없고 멋 내고 노는 데만 집중한 것 같습니다. 그러나 유비는 타고난 친화력으로 동문 선배 공손찬과 친해집니다. 공손찬을 '형님'이라고 부르며 따랐다고 하고 공손찬도 멋 잘 내고 잘 노는 후배 유비를 좋아했다고 하죠. 스승 노식과의 인맥 형성은 형주로 옮기기 전까지 초기 유비의 커리어를 만들어주는데 결정적인 역할을 하는데요.

---

62 진수 지음 · 김원중 옮김, 《正史 삼국지·촉서》(민음사, 2007), 123쪽

왜냐하면 노식을 통하여 동문 선배 공손찬과 동문 후배 정현을 알게 되었는데, 공손찬은 유비를 별부사마로 삼아 전공을 세울 기회를 주었고, 그 공적으로 평원태수가 되는데 도움을 주었습니다. 또 정현이라는 연결고리를 통하여 공자의 후손으로 유명했던 북해태수 공융의 연락을 받았기 때문입니다. 황건적의 공격을 받던 공융이 유비에게 구원 요청을 하자 유비가 "공북해 정도의 인물이 나를 어떻게 알고 연락했을까?"라며 몹시 고무되었다는 기록을 보면 유비는 단순한 유협 집단의 우두머리에서 탈피하여 명사(名士) 집단의 인정을 받는 지도자가 되었음을 진심으로 기뻐했음을 알 수 있습니다.

그렇지만 스승 노식과 동문 선배 공손찬의 인맥 도움을 받았다고는 해도 유비에게 많은 명사들이 합류하지는 않았습니다. 유비의 초기 문인 동료라고는 간옹과 손건 정도가 있었을 뿐 당시 유명한 명사들은 유비 집단에 오래 머물지 못하였습니다. 이렇게 미루어 볼 때 초기 유비 집단이 보여준 모습은 명사들이 깃들기에는 무언가 부족하거나 분위기가 험악하지 않았을까 생각해봅니다.

재미있는 점은 초기 유비의 인맥 관계였던 공손찬이나 서주자사 도겸 역시 명사들과 친하지 않았다는 점입니다. 이들은 위선적이고 실속 없는 명사 집단을 끌어들이는 대신 돈 많은 상인들과 손을 잡았는데, 공손찬이 '백마의종(白馬義從)'이라는 화려한 백마부대를 거느릴 수 있었던 것은 상인 집단의 후원 덕분이었으며, 유비 역시 서주에서 가장 부자였던 미축의 후원을 받으며 생계를 해결하고 군비를 충당할 수 있었으니까요.

그런데 상인 세력의 지지로 자금을 확보하는 것은 단기의 문제는 해결이 되지만, 조직의 장기적 전략과 비전을 세우는 데는 한계가 있음을 역사는 증명하고 있습니다. 초기의 위용에도 불구하고 공손찬은 명사 집단을 거느린 원소에게 깨지고 말았으며, 도겸과 유비 집단 역시 인재들이 막강했던 조조 세력에게 패하고 말았죠. 왜냐하면 당시처럼 명성과 대의명분이 중요했던 여론 사회에서는 오피니언 리더들이 제시하는 조직의 비전과 발전 방향, 그리고 행동 전략들이 그 조직 구성원들을 와해되지 않게 묶어주는 중요한 이데올로기 역할을 했기 때문입니다.

유비 · 관우 · 장비 세 사람이야 죽음을 맹세한 일당백의 영웅들이라 해도, 전투를 세 명이서 할 수는 없고 인적 관리와 조직 관리도 세 명이서 할 수는 없으니까요. 유비파의 성격이 단순한 용병부대의 수준을 넘어서 한 지역의 지도자급으로 성장하려면, 그리고 나아가 국정 운영의 비전을 가진 국가 시스템을 세우려면 협(俠)의 마인드를 넘어선 통치 시스템과 통치 철학을 가진 명사 집단과 결합을 해야만 했던 것입니다.

유비는 제갈량이라는 로또로 대박난 게 아니었다!

우리가 또 한 가지 유비에 대해 오해하는 것 중 하나는 젊어서 고생만 하고 도망만 다녔을 뿐 늦게까지 이룬 게 없다가 47세가 되어서야 27세의 젊은 천재 제갈량을 만나면서 운수가 풀리기 시작했다고 믿는 것입니다. 그러나 사실 역사 기록을 보면 유비는 '맨 주먹 붉은 피'로 일어난 것에 비하면 제법 일찍 출세했고요. 매우 부지런하게 커리어를 쌓았음을 알 수 있습니다.

제갈량과 똑같은 27살에 처음으로 안희현의 경찰서장이 되었는데 평민 출신인 걸 감안하면 대단한 출세였습니다. 31살의 나이로 군수에 해당하는 평원상(平原相)이 되었고, 34살에는 도지사에 해당하는 서주자사가 됩니다. 그리고 38살의 나이에 조조와 함께 허도로 들어가 좌장군이 되는데 이 지위는 21년 뒤 유비가 스스로 한중왕에 오르기 전까지 누렸던 가장 높은 직위였습니다. 이렇게 서기 187년부터 200년까지 유비는 넓지 않은 인맥을 최대한 활용하며 자신의 주무기인 용병술과 친화력으로 다양한 활약을 보여주었던 것입니다.

유비가 유일하게 방황하며 휴식을 취했던 시기는 바로 서기 201년부터 207년까지 유표의 용병대장으로서 형주에 머물던 시기였습니다. 말을 너무 오래 타지 않아 허벅지에 살이 붙었음을 슬퍼했다는 '비육지탄(□肉之嘆)'이라는 고사성어가 이때 나온 말이죠. 전장을 누비느라 유비파의 장기적 비전을 세울 겨를이 없던 유비가 처음으로 자기 조직의 장기적 비전을 고민할 수밖에 없던 시절이 바로 이 시기였을 것입니다. 용병으로 전장을 누비고 싶어도 전투가 벌어지지 않으니까요. 멀리 원정을 가겠다고 해도 유비의 성장을 의심하는 유표가 병사를 내주지도 않고요.

바로 이때 유비는 운명의 짝궁을 만나게 됩니다. 하늘이 맺어준 운명처럼 서주자사를 하다가 형주로 흘러 들어온 유비와 비슷하게 조조의 '서주 대학살'을 피해 형주로 옮겨온 수많은 호족 명사 집단 중에 제갈량 가문이 있었던 것이죠. 형주 명사 집단에서 경세치용의 학문을 공부했던 제갈량은 자신이 공부한 실용적 학문을 현실 정치에 적용할 공간이 필요했을 것이고, 이제는 나이로 보아 유협 집단보다는 어엿한 기업을 꾸려야만 했던 유비의 입장에서는 집단의 성장을 이끌어줄 행정가가 필요했는데, 이 둘의 요구가 맞아떨어진 것이 바로 물과 고기의 만남, 법과 협의 만남, 삼고초려로 이어지게 된 것입니다. 제갈량의 영입은 이제 유비 집단이 유협의 질서를 벗어나 법과 제도라는 국가 시스템을 준비하는 단계로의 변신을 예고하는 것이었습니다. 물론 사람의 품성은 쉽게 바뀌는 것이 아니라서 유비의 협과 제갈량의 법은 가끔씩 모순을 드러내기도 했는데요. 이 이야기는 뒤에 다시 한번 다루도록 하겠습니다.

제5장

《삼국지》인물 다시 보기

〈제17강〉《삼국지》의 실제 주역 – 가후

〈제18강〉 원술은 왜 뜬금없이 황제가 되었을까?

〈제19강〉 제갈량과 동급의 인물은 육손 뿐이었다?

〈제20강〉 단명을 자초한 소패왕 손책

〈제21강〉 촉한의 진짜 책사는 누구일까?

〈제22강〉 억울한 위연 – 위연은 관우의 거울인가?

〈제23강〉 유비와 제갈량은 정말 영혼의 단짝이었을까?

제17강
《삼국지》의 실제 주역 - 가후

이번 강의에서는 《삼국지》의 흐름을 바꾼 주요 인물임에도 불구하고 소설 《삼국연의》에서 이미지가 좋지 않게 등장하는 가후(賈詡)라는 인물에 대하여 이야기를 나눠볼까 합니다. 《삼국지》 최고의 책사하면 우리는 단연 제갈량을 떠올리죠? 그럼 나라별로 최고의 책사를 뽑아라 그러면 각각 누구를 꼽을 수 있을까요? 뭐 촉한이야 어차피 제갈량 원픽이니까 선택의 여지가 없을 것이고, 오나라는 주유 아니면 노숙, 여몽 등을 뽑을 수 있겠죠?

그렇다면 조조의 책사로는 누구를 최고로 꼽을 수 있을까요? 이건 대단히 어려운 문제가 되겠죠? 조조의 책사들은 너무 많아서 누구 한 명을 최고로 뽑기가 매우 어려울 것입니다. 순욱과 순유, 곽가와 정욱, 가후와 만총, 그리고 사마의까지 제갈량 급의 브레인들이 즐비하여 누구 한 명을 지목하기가 어렵죠? 일설에는 제갈량이 조조가 아니라 유비를 선택한 배경을 대기업에 들어가 'One of them'이 되기를 거부하고 가능성 있는 중견

기업에 들어가 'Only one'이 되려 했던 것에 비유하는 이야기도 있더군요.

《삼국지》에 등장하는 수많은 인물들 중에는 정사 《삼국지》의 기록과 소설 《삼국연의》에서의 이미지가 많이 다른 인물들이 종종 등장하는데요. 조조의 책사 중 한 명인 가후 역시 그런 사람 중에 한 명이라고 말할 수 있을 것 같습니다. 우리가 흔히 '강한 자가 살아남는 게 아니라 살아남은 자가 강한 것이다'라는 말을 하는데요. 가후는 삼국시대라는 난세 속에서 다른 사람들보다 일단 오래 살았습니다. 그것만 보더라도 성공한 삶이죠. 서기 147년에 태어나 유비가 죽은 해인 223년에 죽었으니, 당시로는 매우 장수한 77세까지 산 것이죠.

오래 사는 게 왜 중요하냐면 아무리 젊어서 임팩트 있는 업적을 거두었어도 30대나 40대에 죽어버리면 그 영웅이 더 살아서 얼마나 더 많은 일을 했을지 아무도 모르는 일이잖아요. 곽가가 37세에 죽지 않았다면 적벽대전의 양상이 달라졌을 수도 있고, 손책이 25살에 죽지 않았더라면 오나라의 판도와 《삼국지》 정세 자체가 달라졌을 수도 있었겠죠. 그 보다는 좀 더 살긴 했지만, 제갈량이 54세에 과로로 죽지 않고 좀 더 건강하게 살아 있었다면 북벌에서 승리하여 장안을 수복했을지 모르는 일이었겠죠. 물론 역사에 가정이라는 것은 없고 인명은 재천이지만 요절한 영웅들은 언제나 안타까움을 줍니다.

그런 단명한 영웅들 사이에서 77세까지 천수를 누린 가후의 경우는 '이 험한 난세에 무척이나 자기 관리에 철저했구나' 하는 것을 알게 해 줍니다. '뭐 장수야 싸우다 죽을 수 있지만, 책사들은 그럴 일이 없잖아요?' 라고 반문할 수도 있는데요. 조조의 책사 순욱은 조조가 패왕의 길을 가려는 것을 알고 반대하다가 49세에 자살하였고, 양수는 군령 암호의 의미를 눈치 채고 철군 준비를 하게 했다가 괘씸죄에 걸려 44세에 처형당합니다. 그런 의미에서 보면 조조의 심기를 거스르고 무사히 살아난 사람은 찾아보기 어려운데, 가후는 사실 조조의 아들과 조카, 그리고 경호대장인 전위를 죽게 하고도 조조보다 오래 살았으니 정말 그 처세술이 대단하다고 할 수 있네요.

우리가 《삼국지》를 대표하는 인물들을 여러 각도에서 뽑아볼 수 있는데요. 가장 많은 역사적 사건들을 겪어나간 인물을 뽑아 보라면 단연 가

후를 뽑아야 할 것 같습니다. 《삼국지》의 시작인 황건적의 난부터 조비의 황제 등극인 위나라의 건국에 이르기까지 그는 단지 이들 사건들을 겪어 나가기만 한 것이 아니라 그 시기의 역사를 자신의 책략으로 주도해 나갔다고 할 수 있습니다. 그가 섬겼던 주군만도 동탁에서 이각 · 곽사로, 다시 장수로, 그리고 조조와 조비에 이르기까지 두루 거쳤는데요. 충신은 주군을 바꾸지 않는다는 유교적 군신관계로 보자면 그는 자신의 처세를 위하여 주군을 갈아타는 불충한 신하였다고 볼 수 있지만, 오늘날의 관점에서 보자면 더 좋은 회사로 옮겨다니며 자신의 커리어를 쌓아 나갔던 유능한 직장인이라고 할 수도 있겠죠?

'주식회사 동탁'에 취업한 게 죄가 되나요?

가후의 존재감을 알린 첫 번째 사건이자 후세의 역사가들이 가후를 매도하게 된 사건이 바로 '이각 · 곽사의 난'이라는 사건입니다. 동탁이 왕윤의 연환계에 걸려 여포에게 죽임을 당한 후, 동탁의 잔당들은 모두 와해되어 자신의 고향인 서량지역으로 돌아가려고 합니다. 이때 가후는 동탁의 부하 장수인 이각과 곽사 등을 불러모아 이렇게 설득을 하죠.

> 듣자하니 장안 내의 의론이 양주(凉州) 사람들을 다 죽이려 한다는데, 여러분들이 군대를 버리고 떠나면, 한 명의 정장(亭長)이라도 여러분들을 잡

을 수 있습니다. 군대를 서쪽으로 향하여 가는 곳마다 병사를 거두어 다시 장안을 공격하면 동공(동탁)의 원수를 갚게 되고, 만약 일이 제대로 풀리지 않으면 그때 달아나는 것도 늦지 않지 않습니다.[63]

이 말을 들은 이각과 곽사는 서쪽으로 물러나는 척 하다가 다시 군대를 정비하여 장안을 공격하여 왕윤 일파를 모두 숙청하고 황제를 사로잡게 됩니다. 그 와중에 수 만 명의 장안 백성들이 죽었다 하여 이 사건에 대해 배송지는 주석을 붙여 가후를 난적(亂賊)이라고까지 매도를 하죠.[64] 왜냐하면 동탁이 죽고 다시 한나라가 안정을 찾을 수도 있었던 국면에서 가후가 동탁의 잔당을 조직하여 역쿠데타를 일으켜 또 한 번의 혼란을 만들어 내었기 때문이죠. 그런데 가후의 입장에서 변명을 하자면 정치에 선악이 따로 있고 정의와 불의가 따로 있겠습니까? 이긴 자가 정의이고 선인 것이죠. 그런 입장에서 본다면 이제 막 늦은 나이에 동탁의 휘하에서 인정을 받기 시작한 가후로서는 자신의 세력이 궤멸되어 버리도록 앉아서 죽음을 맞이할 수는 없었으니 자신의 주인인 동탁을 죽게 한 또 다른 정치세력인 왕윤 세력에게 반격을 가하는 것이 최선이었겠죠.

이 와중에 가후는 자신의 통제를 벗어나 제멋대로 전횡을 일삼는 이각과 곽사를 떠나 장수(張繡)라는 군웅에게 의탁하게 됩니다. 사실 장수는 동

---

63 진수 지음 · 김원중 옮김, 《正史 삼국지·위서1》(민음사, 2007), 499쪽
64 陳壽, 《三國志》(中華書局, 1962), p.328

탁의 휘하 장수인 장제의 조카이니까 젊은 장수가 노련한 가후를 의지했다고 보는 편이 더 낫겠습니다. 젊은 항우와 늙은 범증의 관계처럼 말이죠. 장수는 그 당시 유표와 동맹을 맺고 유표가 다스리던 양양성의 위쪽인 완성을 지키고 있었는데요. 조조가 쳐들어오자 가후는 장수에게 조조와 싸워봤자 이길 수 없으니 항복하라고 권합니다. 가후의 권유를 받은 장수는 조조에게 항복을 하지만 조조가 자신의 숙모를 겁탈하자 분노하여 조조를 암살하려는 계획을 세웁니다.

이때 가후는 다시 조조가 아닌 장수를 위하여 계책을 제시하고, 이 계책으로 인하여 조조는 큰아들 조앙과 조카 조안민, 그리고 자식보다 더 아끼던 호위대장 전위까지 죽음으로 적들을 막아낸 덕분에 간신히 도망쳐 나올 수 있었습니다. 이 일은 조조의 일생에 있어서 가장 위험한 순간이자 치욕적인 일로서, 조조가 임종 때 가장 한스러웠던 일로 언급할 만큼 조조에게 아픔을 주었던 사건이었습니다. 그런데, 극적인 반전은 조조의 아들을 죽게 만든 철천지 원수인 장수가 가후의 조언에 따라 조조에게 귀순하였고, 이를 조조가 흔쾌히 받아들여 높은 벼슬까지 주었다는 점입니다. 이런 일이 어떻게 가능했을까요?

이러한 반전이 일어난 계기는 《삼국지》에서 가장 극적인 전쟁이자 사실상의 조조 주도의 시대를 열어준 관도대전 때문이었습니다. 우리는 흔히 《삼국지》 최고의 전쟁을 적벽대전으로 알고 있지만, 적벽대전은 소설에서 많이 부풀려졌던 전쟁입니다. 물론 적벽대전의 패배로 조조가 남쪽으로의 정벌을 중단하였고, 그로 인해 유비가 형주를 통해 사천을 얻게 되는 삼국정립의 국면이 만들어진 것은 무시할 수 없는 역사적 사건이지만, 관도대전이야말로 당시 최고의 권력과 세력을 가지고 있던 최강 실세 원소를 제거하고 신진 세력이었던 조조가 중원부터 하북에 이르는 중국의 핵심 지역과 인구를 장악하게 된 결정적인 전쟁이었습니다. 사실상 관도대전의 승리를 통하여 조조는 그 시대의 절대 강자가 되었고, 천하 정세는 조조 vs 반조조의 대결 양상으로 흘러가게 된 것이죠.

이 관도대전에서 조조의 역전승을 이끌어 냈던 수훈갑들이 여럿 있었죠. 곽가의 과감한 책략과 관우와 장료의 활약, 서황의 군량고 습격 등 많은 공신들이 있었지만, 이 가운데 가후와 장수가 원소가 아닌 조조에게로 귀순한 일은 양측의 세력 균형에 무시할 수 없는 큰 변화를 가져다 준 사건이라고 할 수 있습니다. 사실 관도대전 당시 원소는 조조에 비하여 몇 배나 많은 군사와 근거지를 가지고 있었던 데다가 유표가 원소와 동맹 관계였기 때문에 원소 측에서 사신을 보내어 장수의 원조를 요청했을 때 장수는 당연히 원소를 도우러 가려고 했었습니다. 그때 가후는 자기 멋대로 원소의 사신을 쫓아내고는 장수에게 다음과 같은 이유를 제시하면서 조조에게 귀순할 것을 권유합니다.

> 조조는 천자를 받들고 있으니 첫 번째 이유입니다. 원소는 강성한데 우리는 군사가 적어 그를 따른다 해도 필히 우리를 중히 여기지 않습니다. 조조

는 군사가 약하므로 우리를 얻게 되면 필히 기뻐할 것이니, 이것이 두 번째 이유입니다. 패왕의 뜻을 가진 자는 사사로운 원한은 풀어버리는 것이니, 이것이 세 번째 이유입니다.[65]

어차피 역사는 결과론이지만, 가후의 이러한 도박은 성공을 거둡니다. 가후와 장수는 조조의 환대를 받으며 중요한 자리를 얻게 되었고, 조조는 이들의 도움에 힘입어 관도대전에서 역전승을 거둡니다.

아들을 죽여 놓고 아버지에게 귀순하는 가후의 도박

그런데 그 뒤의 역사는 비정한 결과를 다시 우리에게 전해줍니다. 가후는 조조의 절대 신임을 받으며 천수를 누렸지만, 장수는 관도대전이 끝난 뒤 요동 정벌전에서 알 수 없는 죽음을 맞이하게 됩니다. 그 뒤 조비가 황제가 된 후 장수의 아들마저도 반역죄로 몰려 처형되면서 장수의 가문은 대가 끊기게 되죠. 일설에는 조비가 장수를 볼 때마다 "내 형들을 죽이고서도 네가 아직 살아있느냐?"라면서 수 차례 괴롭혔다고 하니 어쩌면 사용가치가 다한 장수를 조조의 묵인 하에 조비가 죽게 만들었다고 볼 수도 있겠죠. 그런데 이 뒤로도 가후는 조조에게도 조비에게도 중용되면서 자신의 자리를 지킵니다. 능력자를 중용했던 조조야 그렇다 치고 속이 좁기

65 진수 지음 · 김원중 옮김, 《正史 삼국지·위서1》(민음사, 2007), 504쪽

로 유명했던 조비마저 가후를 내치지 않고 오히려 태위라는 최고의 벼슬을 내려주었는데, 이건 어떻게 된 상황이었을까요?

큰 아들을 먼저 떠나보낸 조조는 관도대전을 승리한 뒤, 점점 나이가 들어가는 자신의 모습을 보면서 후계자를 정해야겠다는 생각을 합니다. 그때 조조에게는 네 명의 아들이 있었는데, 이 가운데 큰아들 노릇을 하던 둘째 조비와 재능과 예술적 감성을 가진 넷째 아들 조식 중에 누구를 후계자로 세워야 할지 몰라 망설이고 있었습니다. 서열로 보면 조비가 장자이지만, 마음이 가는 것은 조식이라서 두 아들의 경쟁을 지켜보고 있었죠.

그러다가 한번은 가후에게 후계자 문제에 대하여 어떤 생각을 가지고 있는지 묻습니다. 그러자 가후는 멍하니 허공을 보며 딴전을 피웁니다. 그러자 조조가 묻겠죠. "경과 같이 얘기를 나누려 했는데 대답이 없으니 어찌된 일이오?" 그러자 가후는 이렇게 대답을 합니다. "후계자 계승 문제라 하시니 어떤 생각이 들어서 곧장 대답하지 못했을 뿐입니다."라고 조심스럽게 말하자 조조가 무슨 생각인지 빨리 말을 해보라며 다그칩니다. 그제서야 가후는 짧고 신중하게 대답을 합니다.

원본초(원소)와 유경승(유표) 부자를 생각했습니다.[66]

---

66 진수 지음 · 김원중 옮김, 《正史 삼국지·위서1》(민음사, 2007), 507쪽

원소와 유표는 모두 후계자를 장남으로 하지 않고 차남과 삼남을 후계자로 정했다가 망해버린 사람들입니다. 즉, 이 말은 장남을 후계자로 세우지 않으면 어떤 결과가 생기는지 과거의 역사가 말해주지 않느냐! 고민하지 말고 조비를 후계자로 세워라! 라는 말을 매우 조심스럽게 한 것이죠.

그런데 여러분, 후계자 문제에 대한 발언은 너무너무 조심스러운 부분인 것이 만약 조조의 마음에 어떤 후계자가 있는데, 그 의중을 파악하지 못하고 다른 사람을 추천한다면 조조의 신임을 잃어 쫓겨나게 됩니다. 또 만약 자신이 추천한 후계자가 아닌 다른 아들이 승계하게 된다면 가후를 그냥 두겠습니까? 죽이거나 쫓아내 버리겠죠? 그러니 가후로서는 그야말로 목숨을 건 도박과 같은 발언이었죠. 그런데 어쨌든 이 도박은 성공하였고 조조는 가후의 말에 흔들리던 마음을 정하여 조비를 후계자로 세웁니다. 조비가 가후에게 얼마나 고마움을 느꼈는지는 상상이 되겠죠?

사실 조비는 재능이 조식보다 못하여 늘 동생을 질투하고 있었습니다. 그래서 자신이 황제가 되자 동생 조식을 잡아들여 "네가 문학적 재능이 뛰어나다 하니 일곱 걸음을 걷는 동안 시를 한 수 지어라! 못 지으면 너를 죽일 것이다!"라고 협박하였고 이에 조식이 울면서 형제 사이를 콩과 콩깍지에 비유하여 지었다는 〈칠보시(七步詩)〉가 유명하죠?[67] 이 시를 듣고 조

---

67 깍지를 태워 콩을 삶으니 콩이 솥 안에서 우는구나본디 한 뿌리에서 자랐건만 왜 서로.
본디 한 뿌리에서 자랐건만 왜 서로 들볶아야만 하는지.

비가 양심에 걸려 조식을 풀어주었다고 하죠.

일부 학자들은 가후가 제갈량이나 주유 같은 특급 전략가들과는 달리 장기적인 국가의 아젠다를 제시하지 못하고 매번 그 상황을 모면하는 임기응변의 전략을 짜는 데에만 능했다고 평가하기도 합니다. 그러나 개인적으로 생각하기에 이것은 가후가 대국적인 시야를 가지지 못했다기 보다는 그가 처한 상황이 그를 명철보신(明哲保身)하는 스타일로 만들지 않았나 생각해봅니다.

그는 중국의 중심인 중원지역이 아니라 변방에서 태어난 '촌놈'이었습니다. 게다가 그 지역 인사인 동탁에게로의 입사도 많이 늦었구요. 그가 만약 젊은 시절에 바로 조조나 유비를 만났다면 그의 삶은 달라졌을지도 모릅니다만, 시골에서 늦은 나이에 그것도 동탁의 수하로 일을 시작했다는 한계가 스스로를 드러내지 않고 그때 그때 상황에서 최선을 도모하는 조심스러운 삶을 살게 한 것은 아니었는지 생각해봅니다.

가후는 스스로를 '외로운 늑대'라고 평가했다고 합니다. 남들과 폭넓게 교류하거나, 높은 벼슬이나 부귀영화를 탐하지도 않고 조용히 조심스럽게 지내면서 자기에게 주어진 역할을 해나갔던 시골 천재의 삶. 이것이 가후의 모습이 아닐까 생각해봅니다. 충성과 의리를 강조했던 소설《삼국연의》에서 주군을 자주 바꾸고 장안에 혼란을 야기한 가후는 결코 매력적

煮豆燃豆萁 豆在釜中泣 本是同根生 相煎何太急

인 인물로 묘사될 수 없었을 것입니다.

그러나 천하와 대의를 위해 나를 희생하는 자세가 아닌 나라는 인간의 생존을 위해 험한 세상을 헤쳐 나간다는 21세기 우리들의 관점에서 보면 가후의 처세는 오늘을 살아가는 우리들에게 많은 시사점을 준다고 생각합니다.

제18강
원술은 왜 뜬금없이 황제가 되었을까?

이번 강의에서는 《삼국지》 최고의 찌질이 캐릭터를 이야기해볼까 합니다. 동탁처럼 만인의 지탄을 받는 초대형 빌런도 아니면서, 여포처럼 신들린 무력을 선보인 히어로도 아니면서, 원소나 조조, 유비, 손권처럼 특정 시기 특정 지역에서 강렬한 임팩트를 보여주었던 지배 군주도 아니었던, 그러면서도 쓸데없이 감히 황제를 참칭하여 만인의 질시와 공격을 받았던 수퍼 찌질이 원술의 이야기입니다.

아마 삼국지 게임을 조금이라도 해본 사람이라면 차라리 동탁 같은 빌런이나 엄백호 같은 무명의 캐릭터를 가지고 게임을 할지언정 원술을 내 캐릭터로 고르지는 않을 겁니다. 군사적 재능이나 통치력도 없으면서 무능하고 잔인하고 욕심만 많아 결국 스스로 황제 자리에 올라가 자멸하고 마는 이런 캐릭터는 도저히 좋게 봐 줄래도 봐 주기가 어렵죠.

이런 평가는 그 당시 역사가들도 마찬가지였던 것 같습니다. 정사 《삼국지》를 쓴 진수도 그렇지만, 진수보다는 좀 더 관점에서 자유로웠던 《후한서》의 편집자 범엽 역시 원술에 대해서는 비난 일색이었으니까요. 《후한서》에 기록한 원술의 이야기 가운데 그나마 긍정적인 부분은 젊은 시절의 성격에 관한 부분 정도인데요.

> **젊었을 때 의협심으로 소문이 나서 자주 여러 자제들과 사냥을 다니며 놀았는데, 나중에는 이런 습관을 고치게 되었다.[68]**

'의협의 기질을 갖춘 것으로 유명하다'라는 표현은 진수의 《삼국지》에도 나오는 것을 보면 유 · 관 · 장 형제나 손견 · 손책 부자처럼 유협 출신의 기질을 제대로 갖춘 것 같습니다.

그런데 가진 것 없이 배짱과 카리스마만으로 조직을 만들어야 하는 이들 유협 집단들과는 달리 원술은 무엇 하나 남부러울 것 없는 '대가집 막내아들'이었는데, 그런 그가 굳이 유협의 기질을 발휘할 필요가 있었을까요? 호족이 사회의 주도 세력이었던 후한 사회에서 '여남 원씨'라는 가문은 '홍농 양씨'와 함께 4대에 걸쳐 삼공을 배출한 말 그대로 금수저 가문이었으니까요. 게다가 여남 원씨와 홍농 양씨는 혼인관계로 맺어져 원술의 매부가 바로 계륵(鷄肋)으로 유명한 양수의 아버지인 태위 양표였습니다.

이런 수퍼 패밀리에서 원술은 일찍이 효렴으로 천거되어 하남윤과 호

68 少以俠氣聞 , 數與諸公子飛鷹走狗 , 後頗折節. 范曄,《後漢書》(中華書局, 1962), p.2438

분중랑장이라는 높은 관직에까지 오르게 됩니다. 젊은 시절에는 자신의 이복형인 원소보다 출세가 빨랐는데, 원소가 자신의 상관인 원술에게 결재를 받는 것이 싫어서 시어사 벼슬을 사직했다는 기록을 보면 초기에는 벼슬에서도 승승장구했다는 것을 알 수 있습니다.

그러나 그의 품행은 오히려 소위 말하는 '개차반'이었던 것으로 보입니다. 《북당서초(北堂書鈔)》라는 책에는 그가 오만하고 방탕하여 화려한 수레를 타고 길거리를 다니면서 사람들에게 행패를 일삼아 그를 '거리의 악귀[路中旱鬼]'라고 불렀다는 기록이 나옵니다. 물론 이러한 모습은 일반 백성들의 눈에 비친 모습을 문인들이 기록한 것이므로 위세와 난폭함을 보

여야 하는 유협 집단들이 보기에는 대가문의 적자가 무력을 숭상하고 협

객들과 어울리는 모습이 그들에게는 자못 신선한 캐릭터로 다가왔을지도 모릅니다.

그러던 원술의 인생이 꼬여가게 되는 시작점에는 누군가에 대한 과도한 피해의식이 자리 잡고 있었다고 생각합니다. 인생을 살아가면서 우리들은 어느 누군가를 극복해야 할 라이벌이나 혹은 닮고 싶은 워너비로 삼고 살아가기도 하는데요. 그 대상에 대한 심리는 질투, 혹은 선망으로 드러나기도 하죠. 〈질투는 나의 힘〉이라는 영화제목도 있듯이 적당한 경쟁의식이나 질투심은 그 사람의 인생을 성장하게 하는 동력이 되기도 하지만, 질투가 지나쳐 피해의식이 되면 자신의 이성을 좀먹기도 하죠. 성장의 동력이 되었던 케이스가 조조였다면, 삶을 좀먹게 만든 케이스가 바로 원술인데요.

조조도 원술도 극복하려 의식했던 원소라는 벽

조조와 원술이 공통적으로 의식했던 거대한 인물이 바로 원소라는 영웅입니다. 우리가 흔히 원소는 여남 원씨 가문의 버프를 활용하여 많은 인재들을 모았고 그들의 도움으로 순조롭게 하북 지역의 주군이 된 것처럼 생각하지만, 그의 삶에도 극복했어야만 하는 큰 콤플렉스가 있었습니다. 그건 바로 어머니의 신분이었죠. 원소는 여남 원씨 가문 원봉의 둘째 아들이고, 원술이 바로 셋째 아들이었는데요, 이 둘은 어머니가 달랐습니다. 즉, 원술의 어머니가 원봉의 정실부인이었던 데 반하여 원소의 생모는 노비였던 것이죠. 이 시기에도 어머니가 천민인 경우 얼자(孼子)라고 하여 사회활동에 큰 제약이 있었는데, 원소는 다행히 원봉의 형 원성이 일찍 죽어 그의 대를 잇게 하기 위해 원성의 양아들로 입적하게 되죠. 여기서 원소는 목숨을 건 도전을 하게 되는데, 그것은 바로 적모(원술의 친모)와 양부에 대한 '6년 상'을 감행했다는 것입니다.

삼년상이라는 것은 유교에서 주장하는 최고의 덕목인 효 사상의 정수가 담긴 의식인데요. 삼년상을 제대로 치른 선비가 사회적 명성을 얻게 되거나, 반대로 삼년상 기간에 아이가 태어난 선비가 사회적으로 매장되는 일이 있었던 만큼 대가문이었던 여남 원씨 가문의 젊은 후계자가 내리 6년 상을 치르고 있다는 소문은 청류파 지식인들 사이에 크나큰 반향을 일으키며 매일 그의 6년 상 모습을 직관하러 오는 사람들이 수 천명에 달했다는 기록이 있을 만큼 그의 '효 퍼포먼스'는 대성공을 거두게 됩니다.

그런데 왜 원소의 6년 상 퍼포먼스를 목숨을 건 도전이라고 했냐구요? 유교의 가르침 대로 제대로 삼년상을 치르려면 3년 동안 의식주 자체를 거의 서바이벌 수준으로 바꾸어야 하거든요. 부모의 묘 근처에 움막을 짓고 거친 옷과 거친 음식을 먹으며 죽지 못해 살아가는 모습을 재현해야 하는데, 남들 눈을 피해 대충 눈속임으로 호의호식할 수 없었던 것이 그의 6년 상을 응원하러 오는 사대부들이 매일 줄을 이었기 때문이었죠. 그러므로 예법에 맞게 제대로 삼년상을 치르려면 거의 아사(餓死)와 병사(病死) 직

전까지 가게 되는데, 이런 삼년상을 두 번 연속으로 치렀으니 당연히 목숨을 건 도전이라고 할 만 하죠? 어쩌면 원소가 훗날 관도대전에서 패배한 뒤 40대의 젊은 나이로 갑자기 죽게 된 데에는 이 6년 상 기간에 얻은 '골병'이 원인이었을 지도 모르겠습니다.

그런데 원소의 목숨 건 6년 상을 왜 '퍼포먼스'였다고 폄하하는 것일까요? 남들에게 보여주기 위해 쇼를 한 것이 아니라, 정말로 부모님에 대한 효심이 지극하여 그랬을 수도 있잖아요? 그것은 원소의 이어지는 행보를 통하여 단정한 것인데요. 원소는 반동탁 연합군을 결성하여 낙양 탈환전을 벌일 때 자신의 친모를 포함한 원씨 가문의 일족 50여명이 동탁에게 피살되도록 방치했다는 의혹을 받고 있습니다. 그 뒤로도 기주자사 한복을 협박하여 기주를 빼앗는 과정이라든지 공손찬을 격파하는 과정에서 보여준 그의 모략과 냉혹함은 그가 대의와 명분을 얻기 위해서는 어떠한 일도 서슴지 않는 사람이라는 것을 보여줍니다.

어쨌거나 6년 상 퍼포먼스와 원씨 일족 피살로 인한 동정표 작전은 청류파 지식인들에게 크게 어필하며 원소는 일약 사대부 세계의 명망가로 떠오릅니다. 그리고 이 지점에서 원술은 원소에 대한 질투와 분노로 자신의 삶을 좌우하게 되고요.

이때 호걸들이 대부분 원소에게로 귀의하자, 원술은 분노하여 말하기를, "왜 사람들은 나를 따르지 않고 우리 집안 종놈을 따르는 것인가!"라고 하

였다. 또한 공손찬에게 편지를 보내어 원소가 원씨 가문의 혈통이 아니라 고 말하였는데, 원소는 이 소식을 듣고 크게 분노하였다.[69]

사실 원술은 자신의 이익을 위해 친모와 일족들의 죽음마저도 이용하는 원소의 위선과 잔혹함을 이미 간파하고 있었겠죠. 불의를 일삼지만 이를 철저히 감추며 지식인들의 오피니언 리더로 성장해버린 원소에 비하면, 거칠고 폭력적인 언행으로 세간의 손가락질을 받는 원술은 차라리 순진하게 보일 정도입니다.

이때부터 원술의 모든 행동 지표는 원소와의 대척점을 향합니다. 원소의 적수가 공손찬이므로 자신은 공손찬과 연합하고, 원소와 유표가 연합하므로 자신은 유표를 공격합니다. 후세의 역사 기록이라는 것이 승리자에 대한 찬양과 패배자에 대한 매도의 성격이 있는데다, 질서와 명분을 중시하는 군주제 사회에서 멋대로 황제를 참칭한다면 그런 인간은 당연히 역사가의 집중 포화를 받을 수 밖에 없겠죠? 그러므로 후세의 어느 역사서도 원술에 대해 좋게 평가하는 기록은 없겠지만, 오늘날 우리들이 현대적인 시각으로 원술이라는 인간의 면모를 다양하게 살펴보기 위해서는 역사가들의 포폄의 행간을 누비고 다니며 과도하게 매도되어 있는 부분을 되짚어 볼 필요가 있을 것입니다.

---

69 豪桀多附於紹, 術怒曰 : 群豎不吾從, 而從吾家奴乎! 又與公孫瓚書, 云紹非袁氏子, 紹聞大怒. 范曄,《後漢書》(中華書局, 1962), p.2439

먼저 반동탁 연합군의 성과를 살펴보면 분명 원술과 손견의 연합 공격으로 낙양을 탈환한 것을 인정해야 할 것입니다. 소설 《삼국연의》에서는 이름 없는 유비의 이름 없는 동생 관우가 일격에 화웅을 베고 돌아와 식지 않은 술잔을 기울인 것으로 되어 있지만, 역사 기록을 종합해보면 화웅을 죽인 것은 손견이었고, 손견의 후원자였던 인물이 바로 원술이었음을 알 수 있습니다. 즉, 원소를 중심으로 한 반동탁 연합군이 별 성과 없이 지지부진하고 있을 때 동탁을 추격하여 장안으로 도망하게 하고 낙양을 수복하는데 가장 공을 세웠던 인물이 손견과 원술이라고 할 수 있습니다. 이는 동탁 측에서 반동탁 연합군의 수장을 원소라고 명시하지 않고 원씨라고 표현한데서도 알 수 있습니다.

원술과 손견의 관계가 보스와 수하 관계인지, 연합군의 관계인지에 대하여 논쟁이 많지만, 어쨌든 '강동의 호랑이'라는 별명을 가진 손견이 원술과 함께 있었다는 점은 실력에 비해 명성이 부족했던 손견이 당시 전국적으로 명성을 누리고 있던 원술을 필요로 했을 만큼 원술의 지명도가 있었다는 반증이기도 한 것이죠.

원술이 황제가 되려고 한 시대적 사명이 있었다?

이제 이번 강의의 주제인 원술의 칭제(稱帝) 이유에 대해 살펴보도록 하겠습니다. 소설 《삼국연의》를 읽어가다 보면, 혹은 게임 삼국지를 플레이

하다 보면 원술이 나라를 세우고 스스로 황제를 칭하는 대목에서 당혹감을 넘어 어이없는 의문이 들게 됩니다. 아니 이 찌질이는 대체 뭔데 지 주제도 모르고 황제를 참칭하나? 다들 어떻게 하면 천자를 옆에 끼고 그 명분을 빌려 위세를 부릴 것인지를 고민하는 시기에 변변한 세력도 없고 군사적 능력도 없으면서 나라를 세우고 황제가 되다니? 황제를 참칭하는 순간 모든 군웅들의 타도 대상이 될 것을 진정 몰랐다는 것인가?

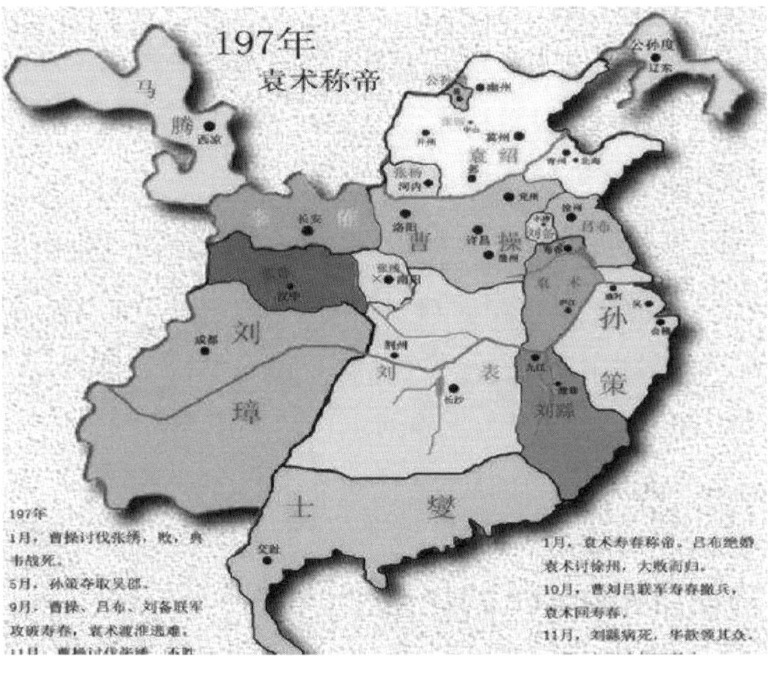

실제로 원술이 황제를 칭하자마자 손책과 여포 등 연합 세력은 등을 돌렸으며, 조조와 유비 등은 그를 공격하여 그는 칭제 2년 만에 들판에서 객

사하게 됩니다. 대체 원술은 이렇게 될 것을 진정 몰랐을까요? 혹시 그는 자신이 나라를 세우고 황제가 되면 사람들이 자신에게 구름처럼 몰려들어 한나라를 대신하여 새로운 세상을 열 수 있을 거라고 확신했을까요? 아니면 '못 먹는 감 찔러나 보자'는 심보로 어차피 현실 천자는 조조에게 빼앗겼으니 충신 아니면 역적이라고 스스로 황제나 되어 보자는 속셈으로 도박을 감행한 것일까요? 이 질문에 대한 힌트가 《후한서》에 기록되어 있습니다.

> 또한 젊어서 참위서를 보았는데, 거기에 '한나라를 이을 자는 마땅히 塗高이다'라는 기록을 보고서 스스로 자신의 이름이 그 예언에 부응한다고 여겼다. 또한 袁氏가 陳에서 유래하여 舜임금의 후예가 되므로, 황색으로 적색을 대신하게 되는 德運의 다음 차례가 된다고 생각하여 드디어는 반역의 마음을 품게 되었다.[70]

이 대목은 참위설과 음양오행 등 신비주의 사상과 관련이 있어 다소 설명이 필요할 듯 합니다. 음양오행 사상은 우주만물의 순환과 변화를 설명하기 위한 고대 중국의 원시 과학이라고 할 수 있는데요. '수(水)→목(木)→화(火)→토(土)→금(金)'이라는 자연의 다섯 가지 물성이 상생과 상극의 관계

---

70 又少見讖書, 言代漢者當塗高, 自云名字應之. 又以袁氏出陳☒舜後, 以黃代赤, 德運之次, 遂有僭逆之謀. 范曄, 《後漢書》(中華書局, 1962), p.2439

를 가지며 만물을 변화시킨다는 이론입니다. 이러한 음양오행 사상은 후에 인간과 사회의 변화를 설명하는 오덕종시설(五德終始說)로 확장되어 왕조의 흥망성쇠를 설명하고 예언하는 참위설과 결합하게 되죠.

이론에 따르면 한나라는 화덕(火德)에 해당되는데, 그렇다면 한나라를 이을 다음 왕조는 화생토(火生土)의 상생 작용을 거쳐 토덕(土德)을 가진 자가 나라를 세우게 된다는 것입니다. 중국의 이전 왕조를 거슬러 올라가보면 요임금을 계승한 순임금이 토덕에 해당하는데 순임금의 성씨였던 규성(嬀姓)은 후대로 내려오면서 陳氏 · 袁氏 · 田氏 등 8개의 성씨로 파생되었습니다.

그래서 원씨 가문의 적자였던 원술은 자기 가문이 한나라를 이어서 새로운 나라를 세울 가문이라고 믿게 된 것입니다. 또한 '한나라를 이을 자 마땅히 도고이다[代漢者當塗高]'라는 참언은 후세에도 해석이 분분하였는데, 이 참언의 도고(塗高)를 원술은 도고(途高, 높은 길)로 해석하여 결국 자신의 字인 공로(公路, 큰 길)와 같은 뜻인 것으로 아전인수격의 해석을 한 것입니다. 원래 참언이라는 것이 이렇게도 저렇게도 해석이 가능하도록 애매하게 기록되는 것이니까요.

우리가 잘 아는 대표적인 참언으로 진시황으로 하여금 만리장성을 쌓게 만든 '멸진자호(滅秦者胡)'라는 예언이 있었죠. 이 예언을 진시황은 진나라를 멸망시키는 것이 오랑캐[胡]일 것이라고 믿고 북방의 흉노족을 막기 위해 만리장성을 쌓았다고 하죠. 그러나 결국 진나라는 어떻게 망했나요? 진시황이 병사하고 그의 둘째 아들 호해(胡亥) 때 망했으니, 위 예언은 진나라를 멸망시키는 것은 오랑캐가 아니라 호해(胡亥)의 호(胡)를 가리키는 말이었다고 사후 해석을 하게 된 것이죠. 원래 참위설이라는 것이 '귀에 걸면 귀걸이, 코에 걸면 코걸이' 식으로 다양한 사후 해석이 가능하도록 만들어지는 것이죠.

위의 《후한서》 기록을 통해서 우리는 원술이 왜 황제 자리에 올랐는지 이유를 알게 되었습니다. 즉, 자신의 가문이 한나라를 이어받을 토덕(土德)을 갖추고 있는데다, 자신의 이름이 참언에서 예언한 도고(塗高)와 같은 뜻이므로 결국 새 나라를 세우고 황제가 될 사람은 바로 자신 밖에 없다고 확신했던 것입니다. 오늘날의 우리들이 생각하기에는 참으로 어처구니없는 이유죠. 아니, 나라를 세우려면 자신의 세력과 실력을 믿어야지, 어떻게 저런 미신을 믿고 일을 저지를 수 있는 거죠? 그런데 말이죠. 저 시대는 바로 저런 미신이 민심을 움직일 수 있었습니다.

여러분, 《삼국지》의 시작이 뭐죠? 바로 황건적의 난이잖아요? 왜 그 사람들이 하필 파랑도 아니고 빨강도 아닌 노란색 두건을 머리에 두른 거죠? 네. 장각의 태평도에서 주장하는 것 역시 토덕을 상징하는 노란색이 다음 세상을 상징하는 색이었기 때문이죠. 이미 저 시대는 한나라의 황제는 허수아비였고 민간에는 한나라가 언제 망하고 토덕을 가진 다음 주자가 언제 어떤 방식으로 등장하게 될 지가 관심사였다는 것이죠. 후에 조비가 위나라를 세우고 연호를 황초(黃初)라고 정한 것도, 손권이 황제를 칭하면서 연호를 황룡(黃龍)이라고 정한 것도 모두 토덕을 상징하는 노란색을 염두에 둔 이름이었던 것입니다.

저런 시대 분위기에서 예언과 오행이 나를 황제로 가리키고 있다면 당연히 한번 시도해 봐야겠죠. 대(大) 여남 원씨 가문의 적통인데요. 게다가 이런 예언과 오행을 뒷받침해줄 신물(信物)까지 나타나 준다면 누구라도 마음이 움직이지 않겠어요? 바로 손견이 낙양 황궁의 우물에서 건져 올렸다는 옥새가 그것이죠. 일설에는 손견이 죽고 그의 아내에게 강요하여 옥새를 빼앗았다는 이야기도 있고, 일설에는 손책이 옥새를 원술에게 바치고 병사 8천을 얻어 독립하였다는 얘기도 있죠. 어쨌든 나를 황제로 점지해주는 예언과 이를 뒷받침하는 증표까지 얻었으니 이보다 더 완벽한 황제가 어디 있겠습니까?

사람은 누구나 자신이 바라보는 세상과 세상이 바라보는 자신의 상이 다를 수 밖에 없습니다. 자신의 시각이 적당히 아름다우면 자신감이 되겠지만, 그게 지나치면 과대망상이 되겠죠. 우리는 원술의 칭제 사건을 통해 그를 과대망상증 환자처럼 생각할지 모르지만, 그 시대의 그 자신에게는 나름의 이유가 있었다는 결론을 내려봅니다.

어쩌면 191년 11월 발해에서 황건적 30만을 몰살시켜 천하를 놀라게 한 공손찬도, 199년 3월 공손찬을 죽이고 하북의 주인이 된 원소도, 208년 겨울 형주를 손에 넣고 장강을 바라보며 시를 짓던 조조도, 219년 봄 한중왕에 올라 제갈량의 천하삼분지계를 완성했던 유비도 그 순간만큼은 자신이 천하의 주인이 되는 꿈을 꾸었을 것입니다. 꿀물을 찾다 죽어간 원술만큼은 아니었지만 이들 역시 자신의 꿈이 얼마나 헛된 것인지를 바로 깨닫게 되었죠.

제19강
제갈량과 동급의 인물은 육손 뿐 이었다?

이번 강의에서는 오나라 이야기를 좀 해볼까 합니다. 정사 《삼국지》는 위나라 중심으로 기록되고, 소설 《삼국연의》는 촉나라를 중심으로 전개되면서 사실 오나라는 어정쩡하게 아무데서도 주인공 취급을 못 받는 인기 없고 매력 없는 나라가 되어버렸는데요. 사실 게임 삼국지를 할 때도 관우 · 장비 · 제갈량을 거느릴 수 있는 유비를 주인공으로 하거나, 막강한 인재 군단을 거느릴 수 있는 조조를 주인공으로 하지, 웬만하면 오나라 군주를 내 캐릭터로 플레이 하는 경우는 거의 없는 것 같습니다. 그러나 사실 오나라에도 멋지고 매력 있는 인물들이 많죠. 강동의 호랑이 손견과 손책도 있죠. 절세 미남이자 천재 장군 주유도 있죠. 활의 명수 태사자에 여몽과 노숙까지 훌륭한 캐릭터들이 많습니다.

그런데 여러분, 혹시 아시나요? 정사 《삼국지》에 등장하는 수많은 인물들의 열전 중에서 각 나라의 황제를 제외하고 한 사람만을 위한 단독 열전이 몇 사람이나 될까요? 의외로 정사 《삼국지》에 단독 열전으로 올라있는 인물은 극히 적은데요. 딱 두 사람 밖에 없습니다. 이 중 한 명은 여러분도 다 짐작할 만한 사람이죠. 맞습니다. 《삼국지》의 최고 전략가이자 충신 캐릭터인 〈제갈량전〉이죠. 그렇다면 나머지 한 명은 누구일까요?

아마 여러분은 미처 짐작하지 못했던 인물일 겁니다. 바로 오나라의 〈육손전〉입니다. 이 두 사람을 제외한 나머지는 모두 최소한 두세 명에서 대여섯 명까지 비슷한 캐릭터들끼리 모여져 있습니다. 오나라의 주유 역시 〈주유 · 여몽 · 노숙전〉으로 묶여있고, 조조의 책사들은 〈순욱 · 순유 · 가후전〉과 〈정곽동유장유전〉으로 여섯 명이 한데 묶여있기도 합니다.

그렇다면, 누군가를 다른 인물들과 한데 묶지 않고 단독으로 열전을 만들어 주었다는 말은 이 인물이 역사적으로 매우 중요했던 인물이었다는 이야기가 되겠죠? 그런데 왜 주유도, 여몽도, 장소도, 노숙도 아닌 육손이 오나라에서 유일하게 단독 열전의 주인공이 된 것일까요? 이에 대해 알아보기 위해 먼저 육손이라는 인물의 일대기에 대해 살펴봐야 하겠습니다.

육손(陸遜)은 오나라의 근거지인 오군(吳郡, 오늘날의 강소성 소주시)에서 서기 183년에 태어나 245년에 죽었으니 손권보다는 한 살 어리고, 제갈량 보다는 두 살이 어린 셈이네요. 당시 오 지역에는 '4대 가문'이라 불리는 육(陸)

씨, 장(張)씨, 주(朱)씨, 고(顧)씨 가문이 있었는데,[71] 육손은 이 육씨 가문 출신이었습니다. 그런데 어려서 아버지를 일찍 여의는 바람에 당조부인 여강태수 육강을 따라서 여강으로 옮겨 살게 되었죠. 그런데 마침 그때는 원술이 여강태수 육강에게 군량을 제공하라고 요청했고 육강은 이를 거절하여 원술의 휘하에 있던 손견과 그 아들 손책의 공격을 받게 됩니다.

여강이 안전하지 못하게 되자 육강은 아들 육적[72]과 손자 육손 등을 오현으로 다시 이주하게 하고 손책과 싸우다가 죽게 됩니다. 그러자 육손이 불과 14살의 나이로 육씨 가문을 대표하여 집안을 관리하게 되죠. 후에 손책이 이른 나이로 죽고 손권이 19세의 나이로 오 지역을 다스리는 군권을 책임지게 되면서 3년 뒤 21세가 된 육손도 손권의 요청으로 정치에 입문하게 됩니다. 후에 손권은 손책의 딸과 육손을 결혼하도록 주선하였으니, 쉽게 말하면 원수의 딸과 결혼을 한 셈이죠?

사실 오나라의 기반이 된 강동 지역은 토착 가문과 북방에서 이주한 가문, 그리고 손견과 손책, 손권이라는 임협자 집단, 즉 폭력조직 집단의 공조로 이루어진 지역이라고 할 수 있습니다. 당시, 회하(淮河)와 장강 사이의 지방에는 후한 말엽 환관 정부의 폭정을 견디다 못해 중원으로부터 많

---

71 와타나베 요시히로 지음 · 노만수 옮김, 《삼국지 인재전쟁》(더봄, 2023), 294쪽

72 회귤(懷橘)고사로 유명한 인물이다. 6살의 어린 육적이 아버지 육강과 함께 원술의 연회에 초대받아 갔는데, 귤 두 개를 소매에 숨겨 나오다 떨어뜨렸다. 이에 원술이 귤을 소매에 감춘 연유를 묻자 육적은 어머니께 갖다 드리려 했다고 대답하고, 그의 효심에 감동한 원술이 그에게 귤을 더 나누어 주었다는 이야기이다. 후에 원술은 손책을 시켜 육강이 지키는 여강군을 공격하여 육강을 죽게 만든다.

은 유민들이 흘러 들어왔고, 그 중에는 무뢰한들도 많이 있었는데요. 마침 184년에 황건적의 난이 일어나자 손견은 이 무뢰배 젊은이들을 모아 군대로 조직하고 황건 토벌군에 속하여 활약하기 시작합니다.

군웅할거의 혼란 속에서 그는 192년에 전사했지만, 그 아들인 손책이 이 임협자(任侠者) 집단을 이어받게 되고, 손책은 이를 자신의 중심세력으로 하여 강남에 자신의 근거지를 다질 준비를 하게 되죠. 그러기 위하여 손책은 강남의 중심 지역인 오와 회계의 유력한 호족들을 자신의 진영으로 끌어들이는 작업도 동시에 진행하는데요. 그들 토착 호족의 입장에 있어서도 강남의 여기저기서 크고 작은 폭력이 난무하는 상황보다는 강남 전체를 하나로 통일한 강력한 정권이 생기는 것을 원하고 있었죠. 이놈저놈에게 뜯기는 것 보다는 한 놈을 확실하게 밀어주고 가문의 번영을 꾀하는 게 나으니까요.

호족 육손과 임협자 손권의 공생 관계

이런 차원에서 본다면 손권이 육손을 등용하고 결혼으로까지 맺어진 것은 단순히 과거의 원수를 청산하자는 차원을 넘어서서 지역의 유력한 호족과 그들의 지지를 받아 군림해야 하는 군사 집단의 상호간의 이해관계가 맞아 떨어진 것이라고 해석을 해야겠죠. 어쨌든 육손은 나이는 어리지만, 육씨 가문을 대표하는 위치에서 손권에게 일찌감치 기용됩니다. 너무 어린 나이에 주군의 위치에 올라 대부분의 무장과 문관들이 모두 아버지와 형의 사람이었던 손권으로서는 나이도 서로 비슷하고 가문도 좋았던 육손을 가까이 할 수밖에 없었겠죠.

자, 이제는 육손이 과연 오나라에서 단독으로 열전에 기록될 만큼 중요한 역사적 업적을 남겼는지를 살펴보도록 하겠습니다. 과연 그는 주유보다도 여몽보다도 더 오나라의 역사에 중요한 업적을 남긴 것일까요?

그런데 여러분 《삼국지》를 통틀어 가장 중요했던 3대 전쟁이 무엇인지 알고 있나요? 대개는 《삼국지》 3대 전쟁으로 관도대전, 적벽대전, 그리고 이릉대전을 꼽습니다. 관도대전은 원소와 조조가 맞붙어 조조가 북방의 절대 강자로 등장하게 된 전쟁이고요. 적벽대전은 조조와 손권+유비 연합군이 맞붙어 조조의 남하를 저지하고 삼국 정립을 이루어낸 전쟁이죠. 그럼 이릉대전은 어떤 의미가 있는 전쟁일까요? 이릉대전은 촉한의 대규모 병력을 이끌고 오나라를 쳐들어 온 유비의 대군을 육손이 이끄는 오나라 군대가 대승을 거둔 전쟁으로서, 이 전쟁에서 촉한은 너무 많은 인재들과 병사들을 잃게 됨으로써 사실상의 전쟁 동력을 상실했다고 봐야 할 정도로 큰 타격을 입은 전쟁입니다.

아시다시피 위의 3대 대전 가운데 관도대전을 제외한 두 전쟁은 오나라와 관련된 전쟁이죠. 여기에 추가하여 위나라와 오나라, 촉한의 운명을 갈라놓은 큰 전투가 있었습니다. 네, 바로 관우의 죽음과 형주의 상실을 야기한 '번성공방전'이 그것이죠. 관우가 형주를 잃고 죽게 됨으로써 이성을 상실한 유비는 사적 복수를 위해 오나라 침공을 결정하게 되었고, 무리한 전쟁 준비 과정에서 장비가 암살당하게 되죠. 유비 자신도 냉철하지 못한 전략으로 10만 대군을 이릉에서 잃고 백제성에서 죽음을 맞이하게 됩니다.

그뿐 아니라 제갈량이 애초에 유비를 따라 나설 때 설파했던 '천하삼분지계'의 조건인 형주를 잃게 됨으로써 허도와 장안을 동시에 공격할 루트를 잃어버리게 되었으니, 촉나라의 운명은 그 전투로 인해 사천분지 속에 갇혀버리는 답답한 신세로 변하게 된 것이죠. 위나라는 어떻습니까? 관우가 그대로 북진했다면 어쩌면 조조는 정사의 기록대로[73] 도읍을 허도에서 업으로 옮겨 북방으로 쫓겨 갔을지도 모르지요. 오나라 입장에서는 형주가 막혀 더 이상 뻗어나갈 곳이 없으니 국가의 성장에 큰 제약을 받게 되었겠죠?

자 여러분 이 번성공방전에서 초반 기세등등하던 관우에게 뼈아픈 패배를 안겨주며 화려하게 등장한 사람이 바로 육손이었고, 이어지는 이릉대전에서는 총사령관으로서 침착하게 유비를 대파했던 사람 역시 육손이었으니, 어떻습니까? 적벽대전을 승리로 이끌어 오나라를 멸망의 위기에서 구해낸 주유의 업적에 결코 모자라지 않은 공을 세웠죠?

---

73 진수 지음 · 김원중 옮김, 《正史 삼국지·촉서》(민음사, 2007), 147쪽

219년 여몽이 관우를 방심하게 만들기 위해 병을 핑계로 물러나면서 육손을 부사령관으로 추천하고 그에게 형주 수비를 위임하자 육손은 여몽의 큰 그림을 알아차리고 바로 관우에게 다음과 같은 편지를 보냅니다.

이전에 저는 그대가 엄격한 규율로 군대를 지휘하여 가볍게 움직여도 큰 성공을 거두는 것을 보았는데, 그대의 공적은 위대합니다! 적국이 패배한 것은 동맹국에는 이로운 일이므로 그대의 승리 소식을 듣고 손뼉을 쳤고, 중원을 석권하는 대업을 이루어 함께 조정을 보좌하고 기강을 유지시키기를 희망했습니다. 최근 재능없는 제가 임명을 받아 이쪽으로 오게 되었습니다. 나는 그대의 풍채를 앙모하여, 좋은 대우와 가르침을 받기를 바라고 있습니다. 저는 서생으로 재능이 부족하고 학문이 얕으며 행동은 더딘데,

> 감당하지 못할 직무를 맡게 되었으니 위엄과 덕행이 있는 당신과 이웃이 되어 기쁘고, 저의 마음을 전부 기울이고 싶습니다. 비록 당신의 계책에 부합되지 못할지라도 여전히 그리워할 것입니다.[74]

이런 편지를 받은 관우는 가뜩이나 문인들을 무시하던 터에 들어본 적도 없는 육손이란 인물이 이런 아부의 편지를 보내니 더더욱 그에 대한 경계를 풀고 방심을 하게 됩니다. 그래도 혹시 우리를 방심시키려는 계책일 수 있으니 한번 살펴봐야 한다는 마량의 조언에 따라 아들 관평을 육손의 막사에 보내어 허실을 살피게 하죠.

여기서 육손은 관평을 완전히 방심시키기 위해 한 가지 소품을 준비합니다. 관평이 육손의 군영에 가서 보니 무기들은 녹슬어 있고 막사 안은 지저분하여 군기라고는 찾아볼 수 없었습니다. 게다가 육손은 병사들과 술 마시고 노는데, 개구리 이마에 붉은 칠을 하고 풀어놓아 개구리들이 여기저기 뛰어다니는 모습을 보면서 즐거워하는 모습을 연출합니다. 그러면서 "당신 아버님은 엄격하여 전쟁밖에 모르지만, 인생에는 재미있는 일들이 많습니다. 우리는 이렇게 인생을 즐긴답니다."라면서 관평을 방심하게 합니다.

관평에게 이런 보고를 들은 관우는 말 그대로 육손을 전투도 모르는 서

---

74 진수 지음 · 김원중 옮김,《正史 삼국지·오서》(민음사, 2007), 493쪽

생이라 여기고 후방의 수비 병력을 모두 빼서 번성으로 옮기게 되었죠. 이렇게 하여 결국 관우는 여몽과 육손의 오나라 군사들에게 일격을 당하게 되고 도망도 항복도 거부한 채 어이없게 죽게 되었죠. 사실 이것은 육손과 여몽의 뛰어난 전략이라고 볼 수도 있지만, 관우의 오만함이 빚어낸 참극이라고 봐야합니다.

번성공방전과 이릉대전, 촉에게는 재앙 오에게는 축복

관우는 육손을 이름도 못 들어본 나이 어린 애송이라고 폄하했지만, 사실 그 때 이미 육손은 손권 휘하에서 일한지 20년 가까이 된 중견 간부였고, 나이도 이미 38세로 적은 나이가 아니었기 때문입니다. 조조가 적벽대전을 일으켰을 때 오나라 총사령관을 맡아서 전쟁을 승리로 이끌었던 주유의 나이가 33세였던 것을 생각하면 육손을 나이 어린 애송이라고 치부하는 것은 말이 되지 않습니다.

다만, 육손이 행정가로서 전투를 책임지는 역할을 맡은 적이 별로 없어서 그에 대한 명성을 들어보지 못했을 수는 있지만, 그가 젊어서 회계군과 단양군의 도적 무리들을 진압하고 수천 수만의 병사를 확보했었다는 업적이 있는 것을 감안한다면 상대방 사령관에 대한 정보 분석이 부족했음을 드러내는 결과라고 밖에 생각하지 않을 수 없습니다.

관우는 이상하게 지략이 뛰어난 문인들을 무시하는 경향이 있었는데,

제갈량과의 알력도 이러한 맥락에서 생각해 볼 수 있습니다. 그러니 관우의 입장에서는 육손의 과거 경력을 알았다 하더라도, 그가 유명한 육씨 가문의 대표라는 것을 알았다 하더라도 여전히 무시했을 가능성이 큽니다.

이렇게 삼국의 역사를 결정짓는 중요한 전투를 승리로 이끈 육손은 4년 뒤에는 이성을 잃은 유비의 대군을 이릉에서 궤멸시킴으로서 촉한에게는 재기불능의 치명상을, 오나라에게는 비상의 기회를 제공합니다. 게다가 번성 공방전은 육손과 여몽의 연합작전이었던데 비하여 이릉 전투는 총사령관으로서 승리를 거두었으니 오나라의 일등공신이라고 해도 전혀 손색이 없겠죠?

결론을 말하자면, 육손은 오나라에게 절대적으로 중요했던 두 번의 전투를 이끌어 크게 승리함으로써 누구와도 비할 수 없는 큰 공을 세웠습니다. 게다가 오나라 호족 연합 세력의 대표격으로서 호족 가문들과 손씨 군사정권을 연결하는 중요한 역할을 담당했기 때문에 손권의 입장에서도 그를 중시하지 않을 수 없었을 것입니다. 이러한 그의 공적과 사회에서의 지위 등으로 인하여 육손은 오나라의 승상이 되어 촉한의 제갈량과 같은 위치에 있었으므로, 단독으로 열전에 오르지 않았나 생각해봅니다.

제20강
단명을 자초한 소패왕 손책

우리는 흔히 '역사에는 if가 없다'라는 말을 합니다. 이미 지난 일인데 '만약 ~했더라면' 이라고 가정을 하는 것이 무슨 의미가 있느냐는 거겠죠. 그런데 이 말은 역설적으로 역사를 돌아보다 보면 '만약 그때 이랬더라면' 하고 가정을 하게 되는 아쉬운 장면들이 너무 많다는 뜻이기도 하겠죠. 역사는 냉정하게도 우리들의 바람과는 무관하게 흘러가는 것이니까요. 이러한 '만약'의 역사에서 단골 메뉴로 등장하는 것이 너무 일찍 죽어버린 영웅 스토리가 아닐까 싶습니다.

《삼국지》에도 화려한 재능과 무시무시한 위력을 뒤로 하고 너무 일찍 세상을 떠나 독자들을 아쉽게 하는 영웅들이 많이 등장하는데요. 이번 강의에서는 그 가운데서도 대표적인 요절 영웅인 손책에 대해 이야기해볼까 합니다.

손책이 누군지는 《삼국지》를 좋아하는 사람들은 다 알 겁니다. 손견의 아들이자, 손권의 형이죠. 오나라의 주군인 손권보다도 더 인기가 있었던 불꽃같은 사나이였죠. 손책은 175년에 태어나서 200년에 죽었으니까 26살에 세상을 하직했네요. 그의 별명이 항우를 닮았다고 해서 소패왕이라고 불리웠는데요. 항우와는 출신 지역도 비슷하고 힘이 장사인데다가 전투에서 져본 일이 없었다는 점도 비슷해서 이런 별명이 붙었던 것 같습니다. 항우도 31살에 죽었으니까 일찍 죽었다는 것까지 닮은 점이 참 많네요.

손책의 아버지인 손견 역시 단명의 전통을 만들어 주었는데요. 37세의 나이에 유표의 부하인 황조에게 매복 공격을 당해서 쏟아지는 화살과 바위 돌에 머리가 깨져서 죽었다고 하죠. 손견이 155년생이니까 손책과는 정확히 20살 차이가 납니다. 즉, 손책은 17살에 아버지가 하던 일을 물려받아 소년 장수로 궂은 일을 도맡아야 했다는 것이죠.

이들이 무슨 궂은 일을 했느냐? 바로 원술의 사냥개 노릇을 했던 것입니다. 우리가 소설 《삼국연의》에서 보면 손견과 손책은 강동의 호랑이라고 불리는 어마어마한 영웅이고, 원술은 아무 능력도 없으면서 제일 먼저 황제를 참칭했다가 허무하게 죽는 찌질한 캐릭터로 나오잖아요? 그런데 왜 이런 영웅들이 그런 찌질한 원술의 부하 노릇을 해야 했던 것일까요?

네. 그건 소설 속의 이야기와는 다르게 실제 당시 역사인 후한 말기에는 가문의 레벨이 세상을 살아가는 데 매우 중요한 기준이 되는 시대였기 때문입니다. 게임으로 《삼국지》를 알게 된 학생들은 전투력의 레벨로 《삼국지》 인물들을 평가할 것이고, 소설로 《삼국지》를 접한 사람들은 주인공인 유비, 조조, 손권과 얼마나 가까운 관계인지로 인물들을 평가할 수 있겠죠?

그런데 실제 역사에서는 이 시기를 이끌어가는 주요한 세력으로 지방 호족을 꼽을 수 있을 겁니다.

중국은 절대 군주제 국가니까 황제와 그의 측근이 가장 힘이 센 거 아닌가요? 네. 그렇죠. 그런데 황제 혼자서 그렇게 넓은 땅과 많은 백성들을 다스릴 수는 없잖아요? 그러니까 넓은 지역을 군과 현으로 나누고 여기에 중앙 조정에서 직접 공무원을 파견해서 다스리도록 하는 군현제를 실시하고 있었죠. 그럼 이들 중앙 관료와 지방 관료들은 누가 어떻게 뽑았을까요? 수능이나 공무원 시험을 봤을까요? 관료를 시험을 통해 선발하는 과거제도는 수나라 때 실시되니까 아직 이때는 관료 선발 시험이라는 것이 없었다는 얘기죠?

이 시대에는 지방 행정단위의 수장인 태수나 현령에게 조정에 인재를 추천하도록 하는 '천거'라는 제도를 관료 선발 시스템으로 활용했습니다. '효렴과'니 '현량과'니 하는 이름으로 태수나 현령이 인재를 추천하면 그 인재는 중앙으로 가거나 그 지역에서 신입 관료로 벼슬살이를 시작하게 되는 것이죠.

자, 그럼 중앙에서 파견된 태수나 현령은 지역 인재를 어떻게 알아서 추천할까요? 그렇죠. 그 지역의 명망 가문인 호족들과 상의를 해야겠죠. 호족이란 특정 지역에서 대토지를 통한 경제적 지위와 사병을 통한 군사적 지위를 확보한 뒤 가문의 자제를 중앙 조정이나 지방 관청에 관료로 일하게 함으로써 그 지역에서 특권과 명성을 유지해오는 집단을 가리키는 말입니다.

삼국시대가 끝나고 위진남북조시대가 되면 본격적으로 이들 호족들이 문화 자본의 힘을 내세워 자신들의 사회적 지위를 독점하는 귀족의 시대가 펼쳐지는데요. 이미 후한 말기부터 이런 풍조가 만들어지고 있었던 것이죠. 이 시기의 대표적인 호족 가문들을 들자면, 사세에 걸쳐 삼공을 배출한 홍농 양씨와 여남 원씨, 순욱으로 대표되는 영천 순씨, 주유를 배출한 여강 주씨, 육손으로 대표되는 오군 육씨 등을 꼽을 수 있겠습니다.

후한 난세에서 살아남는 법 – 호족이거나 유협이거나

어? 그럼 유비, 조조, 손권은 다 호족들이 아닌데 어떻게 한 시대를 호령했던 영웅이 된거죠? 네. 이들이 세상에 등장하게 된 동력은 바로 혼란의 시기로부터 받은 가능성이라고 말할 수 있겠습니다. 전란의 시기에는 싸움을 잘하는 사람이 각광을 받겠죠? 이들은 가문의 명성에 상관없이 자신의 카리스마나 재력을 동원하여 사병을 모으고 황건적이나 지방 도적들을 토벌하면서 세력을 키웁니다. 그러다가 이들의 세력과 명성이 어느 정도 커지면 약해져버린 한나라 조정에서 일하느니 이들 세력과 함께 하고자 하는 호족 출신의 명사(名士), 즉 지역사회에 명망을 얻고 있는 인재들이 들어오게 되는 것이죠.

만약 내가 경제력과 군사력, 명망을 한꺼번에 가지고 있는 어마어마한 호족 가문에서 태어나 어릴 때부터 지도자 수업을 받고 자랐다면? 정말 세상 살기가 쉬웠겠죠? 그게 바로 여남 원씨, 원소와 원술입니다. 손책 이야기 해준다며 왜 원술이냐고요? 이제 손책으로 돌아가겠습니다.

아쉽게도 손견의 가문은 명문가가 아니었습니다. 뭐, 의병 몇 백명을 모을 정도는 된 것으로 보아 집이 아주 가난하지는 않았을 것으로 생각됩니다만, 원술을 비롯한 지역 호족들로부터 멸시를 받았다는 기록으로 보면[75] 그저 싸움만 잘하는 행동대장 격이었습니다. 그런 손견과 손책에게 원술은 말 그대로 엄청난 신분의 차이를 느껴야 하는 사람이었던 것이죠.

자, 이제 오늘의 주제 '손책은 왜 그리 빨리 죽어야 했던 것일까?' 에 대하여 이야기 해보죠. 아니, '인명은 재천(在天)'이라는데, 사람이 빨리 죽는데 무슨 이유가 있나요? 하늘이 데려가는 것을요. 아닙니다. 손책의 죽음은 하늘이 정한 게 아니라 스스로 자초한 측면이 강하기 때문에 꼭 운명을 탓할 일만은 아니었습니다. 이제부터 손책이 했던 '일찍 죽을 짓'에 대해 알아보도록 하겠습니다.

아버지 손견은 전투 중에 매복에 걸려서 죽은 거니까 그렇다고 쳐도 손

---

75 와타나베 요시히로 지음 · 노만수 옮김, 《삼국지 인재전쟁》(더봄, 2023), 291쪽

책은 협객에게 습격을 받아 심한 상처를 입었고 그것이 원인이 되어 치료 도중에 죽었으니 막을 수 있었던 죽음이었다고 할 수 있습니다. 왜 협객들은 손책을 습격했을까요? 그리고 왜 손책은 치료 도중 죽어야만 했을까요?

사실 손견과 손책의 성장은 협(俠)과 관련이 있습니다. 여러분 협(俠)하면 뭐가 떠오르세요? 무협지? 의협심? 협객? 네. 다 관련이 있습니다. 중국 고대에 협(俠)은 사람 개인이나 집단을 가리키는 말이기도 하고 그렇게 살아가는 삶의 태도를 가리키는 말이기도 한데요. 오늘날 의미로 보면 나라의 법과 제도를 무시하고 죽음을 두려워하지 않고 자신의 은원 관계에 따라 보답과 복수를 행하는 사람들을 뜻하는 말입니다.

흔히 유협(遊俠)이나 임협(任俠)이라는 두 글자 어휘로 표현하는데요. 유협은 여기저기 돌아다니는 협객이라는 말이고, 임협은 제멋대로 하는 협객이라는 뜻입니다. 국가를 통치하는 관료들이나 법가 사상가들은 법의 통제를 받지 않고 법 위에 군림하려는 유협 집단을 몹시 싫어하고 탄압했지만, 역사가 사마천은 사기에 〈유협열전〉을 지어서 세상 사람들이 유협들을 비난하는 풍조에 반대하면서 이들의 의리를 칭찬하기도 했었죠.

> 협객은 그 행하는 바가 비록 정의에 어긋난다 하더라도 그 말에는 반드시 믿음이 있고, 행동은 반드시 과감하다. 이미 약속한 일은 반드시 이행하며 자신의 위급함을 돌보지 않은 채 남의 위급함을 돕고, 사생존망의 위급함

을 겪었어도 그 능력을 뽐내지 않으며 그 덕을 자랑하는 것을 부끄럽게 여긴다.[76]

이 기록을 보면 당시 유협들을 사마천이 얼마나 높게 평가하고 있는지를 알 수 있습니다. 사실 평민 백성들의 입장에서는 탐관오리에게 뜯기나 조폭에게 뜯기나 괴롭기는 마찬가지 였습니다만, 법보다는 주먹이 가깝다고 이들 유협들은 백성들의 억울함을 해결해주는 해결사 노릇도 해주었기 때문에 탐관오리를 혼내주는 의로운 유협에 대해서는 엄청난 존경심을 가지고 있었습니다. 사실 유비 집단이나 손견 집단은 이런 유협 집단의 대표격이라고 할 수 있는데요.

손견과 손책은 강동 일대의 임협자 집단들을 모아 이들 수백명을 자신의 형제처럼 대했다고 합니다. 임협자 집단이란 오늘날로 말하면 조폭 집단이죠. 그런데 이들 조폭들이 죽음을 불사하고 형제처럼 따르려면 어때야 할까요? 당연히 손견과 손책이 이들의 우두머리가 될 만한 카리스마를 보여야겠죠? 때론 과감하고 때론 잔인하게 행동해야 했을 겁니다.

76 今游俠, 其行雖不軌於正義, 然其言必信, 其行必果, 已諾必誠, 不愛其軀, 赴士之⊠困, 旣已存亡死生矣. 而不矜其能, 羞伐其德. 司馬遷,《史記》(中華書局, 1962), p.3181

그런 식으로 손견과 손책 집단은 원술의 칼이 되어 그의 정적들을 하나 하나 제거하고 다녔습니다. 여기서 잠깐, 손견과 손책은 부자지간인데 꼭 친구처럼 같이 다닌 것처럼 말하네요? 믿기 어려운 얘기지만 손책은 열 살 때부터 아버지 손견을 따라다니며 이런 생활을 경험했다고 합니다. 여강 주씨 집안의 미래를 책임질 10살 꼬마 주유가 동갑인 손책을 찾아와서 형제처럼 교유를 맺었다는 기록이 역사서에 나오니까[77] 참 조숙했던 '손 · 주'커플이죠? 그랬기 때문에 아버지 손견이 죽은 뒤 17살 소년 손책이 아버지의 부하들과 병사들을 물려받아 활약할 수 있었던 것이구요.

77 진수 지음 · 김원중 옮김, 《正史 삼국지·오서》(민음사, 2007), 44쪽

칼로 흥하고서도 칼에 대비하지 않은 것은 만용이다!

이런 협객 정신을 가진 손책이 협객들에게 습격을 받았다? 그건 누군가에게 원한을 샀다는 뜻이죠? 협의 정신은 은혜는 반드시 보답하고 원수는 반드시 보복하는 것이니까요. 그럼 대체 손책은 누구한테 그렇게 원수를 진 것일까요? 하나하나 살펴보도록 하겠습니다.

여강태수 육강을 죽이고 많은 육씨 일족을 죽였습니다. 육강의 손자가 바로 육손으로 이들은 오군의 명망 가문이었죠. 양주자사 유요를 격퇴하는 과정에서 많은 양주 백성들을 학살하였습니다. 낭야 왕씨 가문인 왕랑을 공격하는 과정에서 왕씨 일족들을 학살하였습니다. 오군태수 허공이 호족 엄백호에게 피신하여 있었는데, 이들을 공격하여 엄백호는 손책에게 항복하였는데, 나중에 죽여버립니다.

게다가 명망 있는 학자인 고대(高岱)를 죽입니다. 뭐 도적도 아니고 학자를 왜 죽여야 할까요? 여기서 우리는 손책의 콤플렉스를 발견할 수 있는데요. 이런 성격이 그의 목숨을 재촉했다고 할 수 있습니다.

고대는 손책의 초청을 받고 손책에게 《춘추좌전(春秋左傳)》이라는 경전을 강의하러 갑니다. 그런데 손책이 내용에 대해 질문할 때마다 손책의 자존심을 건드릴까봐 겸손하게 모른다고만 대답을 했습니다. 그런데 손책은 고대가 일부러 자신의 질문을 하찮게 여겨 성의 없이 모르겠다고 대답한 것이라고 생각하고는 그를 감옥에 가둬버립니다. 문제는 그가 고대를 가두자 지역의 문인들과 백성들이 그를 풀어달라고 간청을 했는데, 온 길에 고대의 석방을 탄원하는 사람들이 까마득하게 엎드려 있는 것을 보고 손책은 민심이 자기보다 고대에게 더 쏠려있는 것이 화가 나서 그를 죽여 버립니다.[78]

이상 손책이 죽인 사람들은 어쩔 수 없는 전투 과정에서 죽인 사람들도 많지만, 꼭 죽일 필요가 없는 명문 가문의 일족들도 매우 많았습니다. 그런데 명문 호족 가문의 일원을 죽이는 것이 왜 문제가 되는 것일까요? 네. 그들이 바로 지역 여론을 이끄는 오피니언 리더이기 때문입니다. 이들 명문 가문들이 '손절'을 하게 되면 지역 내에서 평판이 추락하게 되고 평판이 추락하게 되면 민심을 얻기가 어려워지는 거죠.

그보다 더 직접적인 문제는 이들 호족 가문에서는 대다수의 '식객'을 거느리고 있는 경우가 많았는데, 이들 식객 가운데 상당수는 위에서 말한 협객들도 많았던 것입니다. 이들은 명문 가문이 자신을 보살펴준 은혜를 갚기 위해 이들 가문을 대신해 가문의 원수에게 반드시 복수를 하겠죠? 실제로 손책을 습격한 협객들은 손책에게 죽은 엄백호와 허공의 사람들이었다고 합니다. 이들에게 손책은 얼굴과 손, 가슴 등에 치명적인 자상을 입게 됩니다.

---

78 도사 우길(于吉)을 죽인 것도 이와 비슷한 맥락이라고 할 수 있을 것이다. 즉, 많은 백성들의 민심을 얻고 있는 우길을 혹세무민이라는 죄목으로 잡아 가둔 뒤, 그에게 하늘에서 비를 내리게 하면 살려주겠다고 하였으나, 비를 내리게 했음에도 백성들이 그를 숭배하는 것을 보자 질투심이 치밀어 그를 죽여버린 것이다.

그런데 이를 치료한 의원은 100일 동안 화를 내지 않고 잘 요양하면 나을 수 있다고 말했습니다. 그런데 치료를 진행하던 어느날 손책은 거울에 비친 자신의 흉측한 얼굴을 보고서는 "이런 얼굴로 어떻게 다시 공을 세우고 대업을 이룰 수 있겠는가?"라며 화를 내며 큰 소리를 질렀고, 이로 인해 아물어가던 상처가 터져 죽게 되었다고 합니다.

즉, 손책은 협(俠)으로서 가졌던 잔인한 기질과 자신보다 더 명망을 가진 사람을 용납하지 못하는 시기심으로 인하여 과도하게 많은 사람들을 죽였고, 그로 인해 지역 사회에서 많은 원한을 살 수밖에 없었으며, 자신의 용맹함만을 믿은 채 자객의 습격에 대비하지도 않았고, 망가진 얼굴에 좌절할 만큼 자존심이 강했기 때문에 스스로 죽음을 자초한 것이라고 할 수 있겠습니다.

재미있는 것은 조조의 천재 책사인 곽가가 손책의 죽음을 예견했다는 것입니다. 조조가 원소와 관도대전으로 대치하고 있을 때 손책이 조조가 없는 틈에 허도를 치려고 군대를 움직이자 조조를 비롯한 많은 사람들이 천하무적 손책의 북상을 걱정하였습니다. 이에 곽가는 "손책은 여러 곳에서 원한을 쌓아놓고도 주의를 기울이지 않으니 반드시 필부의 손에 죽을 겁니다"라고 예언을 하였죠.[79] 곽가를 신격화하는 일부 곽가 매니아들

---

79 진수 지음 · 김원중 옮김, 《正史 삼국지·위서1》(민음사, 2007), 707쪽

은 곽가가 손책을 암살했다고 믿기도 하는데요. 먼 곳에 있는 곽가도 그런 정보를 입수할 정도였으니, 손책이 얼마나 자신의 용력만을 믿고 많은 원한을 사고도 대비를 하지 않았는지를 알 수 있습니다. 만약 손책이 북상 과정에서 협객에게 암살되지 않았다면 허도를 치고 한나라 황제를 손책이 옹립하는 일이 벌어졌겠죠? 그럼 조조는 원소와 손책의 사이에 끼어 사라졌을 것이고 《삼국지》의 세 주인공은 유비와 손책, 원소가 되었을지도 모르는 일입니다. 뭐, 역사는 냉정하게 흘러가지만, 문학적 상상력은 우리의 자유니까요.

제21강
촉한의 진정한 책사는 과연 누구인가?

이번 강의의 주제는 '촉한의 책사는 과연 누구인가?' 라는 도발적인 문제입니다. 엥? 촉한의 책사가 누구냐니요? 《삼국지》를 통틀어 가장 신출귀몰한 천재 지략가 제갈량이 있는데, 이런 질문을 하다니요? 아니 그럼 촉한의 책사는 제갈량이 아니라는 건가요? 네. 저는 결론적으로 제갈량은 명재상이자 정치가, 행정가라고 할 수는 있지만 군사 전략을 담당하는 책사로는 부족했다고 보는 입장입니다.

그래서 이번 이야기는 소설 《삼국연의》를 통하여 모든 분야에서 완벽하게 그려지는 '사기캐'이자 '신캐' 제갈량이라는 사람은 대체 어떤 유형의 인물이었는지를 역사를 중심으로 살펴보면서 이와 함께 촉한의 진정한 책사였던 인물들의 이야기를 곁들여볼까 합니다. 게임 삼국지를 해보면 능력치별로 '사기캐'들이 등장하는데요. 무력 100점의 여포와 매력 100점의 유비, 그리고 정치력 100점의 조조, 끝으로 지력 100점의 제갈량이 등장합니다. 제갈량이 어떤 전략을 걸든지 100% 성공한다는 이야기죠. 그런데 과연 실제 역사에서도 제갈량은 천재 지략가였을까요?

소설《삼국연의》에서 제갈량은 데뷔전에서부터 화려한 전술로 적들을 초토화시킵니다. 즉, 박망파 전투에서 엄청난 화공으로 하후돈의 군대를 '직화구이'로 만들죠. 게다가 이어지는 적벽대전에서는 하루 만에 화살 10만 개를 빌려오지 않나, 바람의 방향을 바꾸지 않나 거의 도사 같은 이미지로 승리의 핵심인물로 그려집니다. 형주를 손에 넣은 다음에는 형주 남부의 4군도 쉽게 손에 넣었고요. 그러다가 촉으로 들어가서는 유장의 항복을 받고 이어서 내친 김에 한중까지 손에 넣어 유비를 한중왕으로 만들어주었죠. 반면 제갈량의 힘을 빌리지 않고 멋대로 벌인 전투에서는 관우도 유비도 죽음을 면치 못합니다.

유선이 황제가 된 뒤 제갈량의 신출귀몰한 전략은 남만 정벌에서 절정을 보여줍니다. 거의 전략 전술의 뷔페 맛집이라고 할 만큼 맹획을 '칠종칠금'할 때마다 독자가 상상할 수 있는 모든 전술이 다 등장하죠. 남쪽을 평정한 후 드디어 살아 생전의 유비와 제갈량의 꿈이었던 북방 정벌이 시작됩니다. 여기서도 제갈량은 온갖 기책을 사용하여 전투를 이깁니다.

물론 마속의 어처구니 없는 실수와 후방 보급의 실패로 인하여 번번히 퇴각해야 했지만, 그것은 제갈량의 신묘한 지략이 통하지 않아서가 아니라 하늘이 제갈량을 돕지 않았기 때문에 그렇게 된 것이죠. 오장원에서 죽는 순간까지 제갈량은 하늘의 뜻을 어기고 수명을 늘려보려는 기도를 올렸으나 이마저도 위연이 걷어차 버리는 바람에 무산되고 제갈량은 54

세의 나이에 한실 부흥의 꿈을 이루지 못한 채 아깝게 세상을 떠나게 됩니다.

이상은 소설 속에 그려진 제갈량의 모습이었고요. 역사서에 기록된 제갈량의 모습은 과연 어떠했는지 지금부터 살펴보겠습니다.《삼국지》 촉서 〈제갈량전〉은 군주의 전을 제외하고는 가장 긴 분량으로 기록되어 있습니다. 그만큼 역사가 진수의 시각에도 제갈량은 삼국시대를 통틀어 가장 중요한 인물이었다고 본 것이죠. 그런데 이렇게 역사 기록의 긴 분량을 할애한 내용이 어떤 성격의 사건들이었는지 그 내용을 살펴볼 필요가 있습니다.

먼저 유비의 삼고초려와 제갈량의 천하삼분의 정세 설명이 길게 기록되어 있습니다. 다음으로는 조조의 남하에 맞서서 제갈량이 손권에게 사신으로 가서 동맹을 설득하는 부분이 길게 서술되어 있습니다. 세 번째는 제갈량이 제1차 북벌을 떠나면서 황제 유선에게 올린 출사표 전문이 수록되어 있습니다. 그 외의 다른 사건들은 기록이 없거나 매우 짧게 기록되어 있습니다. 예를 들어《삼국연의》의 최고 스펙터클 전쟁이라 할 수 있는 적벽대전 대목에서는 〈제갈량전〉에 다음과 같은 간략한 기록만이 남아있습니다.

조조는 적벽에서 져 군대를 이끌고 업성으로 돌아갔다. 유비는 마침내 강

남을 되찾고 제갈량을 군사중랑장으로 삼아 영릉과 계양과 장사 세 군을 다스리게 하였으며, 그 부세를 조달하여 군용물자를 충실하게 하였다.[80]

즉 제갈량의 지략에 대해서는 아무런 기록이 없죠? 촉의 수도인 성도를 평정한 뒤 한중공방전을 벌일 때에도 제갈량은 전쟁터로 향하지 않았습니다. 〈제갈량전〉에는 간략하게 "유비가 출정할 때 제갈량은 늘 성도에 남아 지키면서 식량과 군수물자를 충분하게 했다"라는 한 줄의 기록만이 있을 뿐입니다.[81] 이들 기록을 통해 보면 제갈량은 뛰어난 외교가이자 행정전문가로서의 면모가 돋보인다고 하겠습니다.

제갈량의 온갖 지략이 빛났던 남만 정벌에 대한 기록도 매우 짧습니다.

제갈량은 군대를 이끌고 남쪽으로 정벌을 가서 이 해 가을에 모두 평정하였다. 새로 평정한 여러 군에서 군수물자가 나오므로 나라가 풍요로워졌다.[82]

비록 배송지의 주에는 맹획을 '칠종칠금'했다는 이야기가 나오긴 하지만 저는 개인적으로 이것은 신빙성이 적다고 봅니다. 배송지 주에는 전지(滇池)라는 지명이 나오는데 이곳은 오늘날 지명으로는 운남성 곤명 근처

---

80 진수 지음 · 김원중 옮김, 《正史 삼국지·촉서》(민음사, 2007), 116쪽
81 위의 책, 116쪽
82 위의 책, 119쪽

입니다. 그럼 그 당시 사천성 성도에서 운남성 곤명까지 봄에 도보로 이동하여 가을에 모두 평정했다는 이야기인데요. 이 정도 거리면 거의 이동하는데만 몇 달 걸리는 거리입니다. 그런데 어느 세월에 이동해서 자리 잡고 적들과 전투를 일곱 번씩이나 벌여서 잡았다 풀어줬다 할 수 있겠습니까? 전투라는 게 하루 이틀 걸리는 것도 아니고 짧아도 며칠, 길면 몇 달이 걸리는데요.

제갈량은 관중과 소하에 비유되는 유능한 행정가였다!

결정적으로 촉서 〈제갈량전〉의 말미에 붙여놓은 진수의 평을 보면 진수가 제갈량을 어떤 인물로 평가하고 있는지를 알 수 있습니다. 그 기록을 일부 살펴보겠습니다.

> 촉나라 안의 사람은 모두 그를 존경하고 아꼈으며, 형법과 정치가 비록 엄격해도 원망하는 이가 없었다. 이는 마음을 공평하게 쓰고 상벌을 분명하게 했기 때문이다. 제갈량은 세상을 다스리는 이치를 터득한 뛰어난 인재로서 관중, 소하와 비교할 만하다.[83]

진수가 제갈량에 대하여 극찬에 가까운 평가를 내리고 있음을 알 수 있

83 진수 지음 · 김원중 옮김, 《正史 삼국지·촉서》(민음사, 2007), 135쪽

습니다. 사실 진수는 〈제갈량전〉 끝부분에 《제갈씨집》 목록과 함께 진나라 황제에게 올리는 서문을 수록하였는데, 패배한 적국의 승상을 너무 좋게 기록한 것이 황제의 심기를 상할까 두려워하여 '죽을 죄를 지었습니다'라는 문장을 반복하여 적을 정도로 제갈량에 대해 매우 우호적인 시각으로 기록하였습니다. 그런데 이런 진수조차도 논평의 마지막에는 이렇게 기록하고 있습니다.

> **그러나 해마다 군대를 움직이고도 성공하지 못한 것은 아마 임기응변의 지략이 그의 장점이 아니었기 때문인 듯하다.[84]**

'제갈량빠'가 아닐까 싶을 정도인 진수가 이런 평가를 내린 것을 보면 제갈량이 그때 그때 위기상황에 대처하는 지략이 뛰어난 인물은 아니었다는 것을 알 수 있는 대목입니다.

물론 그렇다고 해서 제갈량의 업적과 매력이 사라지는 것은 아닙니다. 다만 그가 뛰어났던 분야가 지략이 아닌 통치력에 있었다는 것이죠. 위의 평가를 보면 제갈량이 뛰어났던 부분은 엄정하고 공평한 법 집행으로 나라를 안정시킨 통치자로서의 자질이었음을 알 수 있습니다. 진수가 제갈량을 관중이나 소하에 비교한 것도 이런 맥락입니다. 관중은 제환공을 보

---

84 위의 책, 135쪽

좌하여 제나라를 춘추오패의 첫 나라로 만든 명재상이었고, 소하는 한고조 유방을 도와 국가 살림을 도맡았던 행정장관 같은 인물이었죠. 만약 제갈량의 특기가 신묘한 병법 쪽이었다면 그를 관중이 아닌 손자병법을 쓴 손무에 비교하거나 소하가 아닌 장량이나 한신에 비유했어야 맞겠죠.

진수는 황제에게 바치는 《제갈씨집》 서문에서도 "그러나 제갈량의 재능은 군대를 통치하는 데는 뛰어났지만, 기이한 계책을 내는 데는 열등했으며, 백성을 다스리는 재능이 군사를 지휘하는 재능보다 나았습니다."[85] 라고 기록하고 있는 것을 본다면 그의 위대함은 천재적인 전략가로서가 아니라 믿을만한 정치가이자 지도자로서의 자질이었다는 것을 알 수 있습니다.

그렇다면 왜 제갈량은 자기 전공 분야도 아닌 전략가로서의 역할까지 수행해야만 했던 것일까요? 정말로 촉한에는 신출귀몰한 전략가는 없었던 것일까요? 촉한에도 위나라의 순욱이나 곽가, 오나라의 주유나 여몽 같은 전략가 겸 총사령관급의 인재들이 있었습니다만, 정말 안타깝게도 하늘이 이들의 수명으로 장난을 치고 말았습니다.

결론부터 말하자면 촉한에도 최소한 세 명의 뛰어난 책사가 있었습니다. 그런데 하늘이 둘은 일찍 데려갔고, 하나는 너무 늦게 세상에 내보냈

85 위의 책, 129쪽

습니다. 일찍 데려간 두 사람은 바로 방통과 법정이고, 너무 늦게 세상에 보낸 인재는 바로 제갈량의 후계자 강유입니다. 이제 이들의 이야기를 들려드리겠습니다.

방통(龐統)은 179년생이니 제갈량보다 2살이 많았네요. 법정(法正)은 176년이니 5살이 많았고요. 그런데 방통은 214년에 불과 35세의 나이로 죽었고, 법정 역시 220년에 45세의 나이로 세상을 떠나고 맙니다.

진수의 촉서에는 〈제갈량전〉의 다음에 〈관장마황조전〉이라는 이름으로 촉한의 오호대장에 대해 기록하였고 그 뒤를 바로 이어서 〈방통 · 법정전〉을 기록함으로써 이 두 사람을 동일한 범주와 동등한 레벨로 평가하고 있습니다. 게다가 전의 말미 논평에서 "이들을 위나라 신하들과 비교하면 방통은 순욱과 비견하고 법정은 정욱 곽가의 무리와 동격이다"라고 하여 이들의 수준을 비유하고 있습니다.[86] 재미있는 것은 방통과 곽가는 둘 다 시호가 정후(靖侯)로 같습니다.

86 진수 지음 · 김원중 옮김, 《正史 삼국지·촉서》(민음사, 2007), 184쪽

방통은 적벽대전 때 오나라를 도와 조조의 배들을 쇠사슬로 묶어 놓는 연환계를 성공시킨 인물이죠. 일찍이 수경선생 사마휘가 유비에게 복룡과 봉추 중에 한 명만 얻어도 천하를 제패할 수 있다고 했던 제갈량급 인재였죠. 실제로 방통은 제갈량과 똑같은 벼슬인 군사중랑장으로서, 형주에 남아 후방을 책임지는 제갈량과 역할 분담을 하여 유비를 수행하고 촉으로 들어갑니다. 그가 제시한 전략은 파격적이지만 실속 있는 것들이었습니다. 예를 들어 유장이 유비를 맞이하러 부성으로 나왔는데, 유비에게 회담 도중에 유장을 붙잡으면 병사를 사용하지 않고도 촉 땅을 얻을 수 있다고 제안합니다. 유비는 자신에 대한 신의를 저버릴 수 없다 하여 그 계책을 쓰지 않았죠. 이렇게 유장이 성도로 돌아가버리자 결국 유장의 부탁을 받은 유비는 장로를 치러 한중으로 향하게 됩니다. 그때 다시 방통은 유장을 치는 세 가지 계책을 제시합니다.

즉, 빠른 정예병을 보내 성도를 직접 습격하는 상책과, 양화와 고패를 속여 이들을 사로잡고 이들의 병사를 빼앗아 성도로 향하는 중책, 그리고 백제성으로 물러나 천천히 일을 도모하는 하책을 제시하죠.[87] 여기서도 유비는 상책을 버리고 중책을 택하여 어렵게 승리를 거둡니다. 이 두 번의 전략을 통해 우리는 방통이라는 인물은 대의명분 따위를 생각하지 않고 신속하게 결정을 짓는 속전속결 스타일의 전략가라는 것을 알 수 있습

87 진수 지음 · 김원중 옮김, 《正史 삼국지·촉서》(민음사, 2007), 172쪽

니다.

어차피 전쟁은 적을 속여야 하는 일인데 거기서 의리와 신뢰를 따지는 것은 위선이라고 생각한 것이죠. 저는 전략가는 방통과 같아야 한다고 생각합니다. 백성을 통치하는 것과 전투에서 이기는 것은 다른 문제니까요. 어쨌든 방통은 성도로 진격하는 도중 낙봉파에서 화살을 맞고 죽고 맙니다. 애당초 유비가 방통의 상책을 택했더라면 이렇게 어이없이 요절하지도 않았을 것이고, 방통의 빈자리를 채우기 위해 제갈량이 형주를 버리고 촉에 들어올 필요도 없었으며, 그랬으면 관우가 경거망동으로 형주를 잃게 될 일도 없었겠죠.

방통은 순욱 스타일, 법정은 곽가 스타일?

이번엔 법정이라는 인물에 대해 알아볼까요? 법정은 원래 유장의 신하였으나 장송과 함께 유비를 불러들여 촉의 주인으로 세우고자 하는 플랜을 세운 사람입니다. 아울러 유비가 성도에서 유장의 항복을 받고 촉 땅을 손에 얻자 이번에는 장로가 조조에게 바친 한중을 공략하도록 유비를 설득합니다. 촉서 〈법정전〉에는 이렇게 기록되어 있습니다.

조조가 장로를 항복시켜 한중을 평정하고도 기세를 틈타 파촉을 도모하지 않고 하후연, 장합을 남기고 자신은 북쪽으로 돌아갔으니, 이는 필시 내부에 우환이 닥쳤기 때문일 것입니다. 지금 하후연과 장합의 재략을 헤아려 보면 우리의 장수들보다 낫지 못하니 공격하면 반드시 이길 수 있습니다. 이는 하늘이 우리에게 준 기회이니 이때를 놓쳐서는 안 됩니다.[88]

즉, 이렇게 해서 촉한 역사상 가장 빛나는 승리인 한중 공방전이 시작됩니다. 특히 법정은 유비에게 한중의 중요성을 이렇게 설파하고 있습니다.

上이면 강적들을 없애고 황실을 다시 받들 수 있고, 中이면 옹주와 량주를 잠식하여 영토를 넓힐 수 있으며, 下라도 요충지를 지킴으로써 지구전을

88 진수 지음 · 김원중 옮김, 《正史 삼국지·촉서》(민음사, 2007), 182쪽

꾀할 수 있습니다.[89]

지략가의 면모가 보이는 대목이라고 할 수 있습니다. 한중 공방전의 클라이막스인 정군산 전투를 기획한 것도 법정의 계략입니다. 황충으로 하여금 고지대에서 밀고 내려가는 전술로 조조의 오른팔인 하후연을 베어버리게 만들었죠.

그러므로 한중공방전의 승리와 이어지는 유비의 한중왕 등극은 법정이 일등공신이라고 할 수 있겠습니다. 당연하게도 유비는 법정에게 상서령과 호군장군이라는 문무를 겸비한 벼슬을 내립니다. 그러나 법정은 안타깝게도 그 다음해에 죽고 맙니다. 그로부터 2년 뒤 유비가 이릉대전에서 패하여 백제성으로 돌아오자 제갈량은 탄식하며 이렇게 말했다는 기록이 전해집니다.

만일 법정이 살아있었더라면 주상이 동쪽으로 가지 못하도록 말렸을 것이고, 설령 동쪽으로 갔다 하더라도 틀림없이 위험에 빠지지는 않았을 텐데.[90]

법정은 제갈량과는 달리 성격이 모나서 사람들의 기분을 고려하지 않

89 위의 책, 183쪽
90 위의 책, 184쪽

고 자신의 계책을 직언했다고 합니다. 마치 곽가가 자신의 계책을 말했는데 조조가 따르지 않으면 그 앞에서도 침을 뱉고 했다는데, 진정한 책략가라면 이런 성격에 이런 고집 정도는 있어야 하지 않을까요?

제갈량이 북벌을 개시한 227년에 법정이 살아있었다면 52세이니까 제갈량은 후방 보급을 담당하고 법정은 제갈량이 했던 역할을 맡아서 출정을 했다면 북벌에 성공하지 않았을까 하는 생각도 해보게 됩니다.

끝으로 강유라는 인물은 사실 《삼국지》 후반부에 거의 제갈량과 스테레오 타입의 캐릭터로 그려지는 인물입니다. 제갈량이 유비에게 등용되어 세상을 나온 것이 26세 때인데, 강유가 제갈량에게 등용된 것도 26세 때입니다. 사실 우리들은 유비가 죽고 나면 감정 이입을 했던 주인공이 죽어버린 터라 그 뒤로는 스토리에 몰입도가 크게 떨어지게 되죠. 특히 제갈량이 죽고 나면 아예 그 뒷이야기는 쳐다보지도 않고 책을 덮어버립니다.

그러나 실제 《삼국지》의 역사는 280년까지 이어지니까 제갈량이 죽고 나서도 40여년 이상 지속되었습니다. 그 후반부의 촉한을 책임진 총사령관이 바로 강유라고 할 수 있겠습니다. 안타까운 것은 강유라는 인재가 10년만 세상에 빨리 나왔더라면 하는 거죠. 그랬더라면 후방에서 국무총리 역할과 전방에서 총사령관 역할과 군사참모 역할을 1인 3역으로 수행해야 했던 제갈량의 짐을 좀 나눠 질 수 있었을 것이고 그랬다면 제갈량이

54세의 나이로 과로사하지는 않았을 텐데 하는 아쉬움이 듭니다.

결론적으로 말해서 촉한의 최고 책사를 꼽으라면 저는 법정을 꼽겠습니다. 그 근거로 〈법정전〉에는 이런 기록이 남아있습니다.

> 제갈량과 법정은 비록 좋아하고 숭상하는 바가 서로 같지 않았으나, 공적인 대의를 위해 서로 따랐고, 제갈량은 늘 법정의 지모와 책략을 높게 여겼다.[91]

아울러 방통을 순욱에 비유하고, 법정을 곽가에 비유한 진수의 평가를 보면 방통은 학자형 참모에, 법정은 실전형 책사에 가장 가깝지 않았을까 생각해봅니다.

---

91 위의 책, 184쪽

제22강
억울한 위연 – 위연은 관우의 거울인가?

이번 《삼국지》 강의의 주인공은 '억울한' 위연입니다. 위연은 촉한의 명장이죠. 비록 촉한을 대표하는 오호대장에는 끼어있지 않지만, 그들과 거의 동급, 혹은 장수로서의 자질과 실력으로만 본다면 그들을 능가할 수도 있는 장수였습니다. 그런데 왜 위연 앞에 '억울한'이라는 수식어를 붙였냐고요? 오호대장에 못 끼어서 억울하냐고요? 그보다 훨씬 더 억울한 일이 있었죠. 그 이야기를 들려드리도록 하겠습니다.

우리가 그동안 살펴본 《삼국지》의 인물들을 보면 역사서의 기록과 소설 《삼국연의》에서의 묘사 사이에 차이가 좀 있음을 알 수 있었는데요. 역사와 소설의 간극이 그다지 크지 않은 인물도 있는가 하면, 역사서와는 매우 다른 모습으로 소설에 묘사되는 인물들도 있습니다. 바로 위연이 그런 인물 가운데 하나라고 할 수 있겠네요. 정사와 소설에서 공통적으로 위연은 제갈량이 죽은 뒤 그의 명령을 따르지 않다가 촉한의 반역자로 몰려 죽음을 당하게 됩니다. 그런데 정사 기록과는 달리 소설 《삼국연의》에서 위연은 애당초 반골의 상으로 태어나 반역을 위해 살아온, 그리고 결국은 반역을 저지른 인물로 그려지고 있습니다. 저는 이런 부분이 억울하다고 생각하는 것이고요.

이제부터 역사 기록과 소설에서의 묘사를 비교해가며 위연의 모습과 행적이 어떠하였는지를 살펴보도록 하겠습니다. 먼저 위연의 등장에 관하여 살펴보죠.

촉서 〈위연전〉에는 위연이 형주 의양군 사람이고, 부곡(部曲)[92]의 신분으로 유비를 따라 촉으로 들어가 전공을 세웠다는 간단한 기록만이 남아 있어 위연이 언제 출생했는지, 언제부터 유비를 섬기게 되었는지를 정확히 알기는 어렵습니다. 또 부곡이라는 신분이 명기된 것으로 보아 위연의 신분은 평민 사병이었던 것으로 보입니다. 형주가 고향이니 유비가 형주에 머물던 시기에 유비 집단의 사병으로 합류했을 가능성이 가장 크겠죠? 뭐 그보다 더 일찍 어린 시절에 고향을 떠나 유비가 있던 동네로 흘러 들어와서 유비 집단의 사병으로 활동했을 수도 있고요.

그런데, 나관중의 소설 《삼국연의》를 보면 위연의 등장을 매우 임팩트 있게 묘사하고 있습니다.

---

92 부곡(部曲)이라는 계층은 시대에 따라 의미가 달라지는데, 한나라 때까지는 호족을 따르는 사병(私兵)을 지칭하였으나, 위진남북조 시기 이후에는 천민 집단을 이르는 말로 변화되었다. 지주와 소작농의 관계처럼 '군사적 소작 관계'라고 생각하면 이해가 빠를 듯 하다.

이 사람은 누구인가? 키는 9척에 얼굴은 대추빛이며, 눈빛이 초롱초롱한 것이 관운장과 생김새가 흡사하고, 무예가 특출났다. 강표 의양 사람으로 성은 위, 명은 연, 자는 문장이라 한다.[93]

이 묘사는 유비가 형주에서 강릉으로 패주할 때 등장한 위연에 대한 첫 묘사인데요. 나중에 적벽대전에서 승리한 유비 집단이 형주 남부에 있는 장사를 공략하는 대목에서도 위연에 대한 똑같은 묘사가 한번 더 등장합니다.

관우랑 닮았다니 놀랍지 않으세요? 관우의 외양에 대한 시그니처 묘사가 몇 가지 있잖아요? 대추빛 얼굴색에 아름다운 수염, 그리고 청룡언월도죠. 그런데, 위연 역시 대추빛 얼굴색이라니요. 게다가 대놓고 관운장과 모습이 닮았다고 묘사를 한 걸 보면 나관중은 위연에 대해 상당히 멋진 캐릭터를 만들어 볼 생각이었던 것 같습니다. 어차피 역사 기록에 외모에 대

93 나관중 지음 김구용 옮김, 《三國志演義》제4권(솔, 2003),149쪽

한 묘사가 없으니 이 부분은 소설가의 창작 공간이니까요. 만약 위연을 반역자로 묘사하고 싶었다면 충성의 대명사인 관우의 모습을 위연에게 복사하진 않았겠죠?

관우를 닮은 건 외모만이 아닙니다. 사용하는 무기도 대도(大刀) 계열로 같고요. 심지어는 성격적 결함도 닮았습니다. 촉서 〈관우전〉에 보면 관우의 성격 특징으로 "병사들에게는 잘 대해주었지만, 사대부에게는 오만하였다"라는 기록이 있는데요. 위연의 성격 역시 촉서 〈위연전〉에는 "병사들을 잘 기르고, 매우 용맹하였으나, 성격이 오만하여 사람들은 그를 피해다녔다"라고 기록되어 있습니다.[94]

자긍심이 지나치게 강했다는 점이 닮았죠? 실제로 관우는 마초와 황충을 무시했는데요. 처음에 마초가 유비에게 귀순했을 때 네가 얼마나 잘났는지 맞장 한번 떠보자고 도전하기도 했었고요. 오호대장 안에 황충이 함께 들어있는 걸 알고는 임명장을 집어 던지기도 했었죠. 위연은 또 어떻습니까? 황충을 무시하여 그와 군공을 다투기도 했었죠. 또 문인 사대부인 양의와는 물과 기름처럼 앙숙관계였죠.

---

94 진수 지음 · 김원중 옮김, 《正史 삼국지·촉서》(민음사, 2007), 274쪽

반역자 위연은 왜 관우와 닮은 꼴로 그려졌을까?

역사서에 위연이 유비의 사병 출신으로 조금씩 두각을 나타내 온 것으로 기록되어 있는 반면, 나관중의 《삼국연의》에서는 위연의 첫 등장이 매우 극적으로 묘사됩니다. 유표가 죽고 형주를 둘째 아들 유종이 물려받는데, 유비는 백성들을 데리고 양양성 아래에 도착하여 성문을 열어달라고 요구하죠. 그러나 채모와 장윤 등은 성에 들어오지 못하게 화살을 퍼붓습니다. 이때 유비와 일면식도 없는 이름 없는 한 병사가 큰 소리를 지르며 수문장을 베어버리고 성문을 열면서 이렇게 외칩니다.

> 유황숙께서는 병사들을 이끌고 성으로 들어오셔서 이 역적들을 토벌하십시오![95]

결국 성안으로 들어가지는 못하고 유비가 장판파 쪽으로 도망가면서 위연의 등장은 해프닝으로 끝나는 듯 합니다만, 위연은 용케 양양성을 빠져나와 더 남쪽 장사로 옮겨간 것으로 그려집니다. 유비가 적벽대전의 승리를 발판으로 형주 남부 4군을 접수하러 갔을 때 첫 번째 난관은 장사성을 지키던 황충이었습니다. 관우와 황충은 서로가 영웅임을 알아보고 격

---

95 나관중 지음 · 김구용 옮김,《三國志演義》제4권(솔, 2003),149쪽

렬하게 싸우지 못한 채 대치국면에 들어갔는데, 일부러 싸우지 않는다고 의심한 장사태수 한현이 황충을 죽이려고 합니다.

이 순간 다시 위연이 극적으로 등장하죠. 그는 성루에 올라 무도한 한현을 베어버리고 황충을 구해 유비에게 항복합니다. 위연 덕분에 큰 손실 없이 손쉽게 장사성을 얻고 황충과 위연이라는 장수마저 얻은 유비가 흡족해 하고 있을 때 갑자기 제갈량이 위연을 끌고 나가 목을 베라며 축제 분위기에 찬물을 끼얹습니다. 그리고는 유비에게 이렇게 말하죠.

> 자기에게 녹을 주는 주군을 죽였으니 이는 불충입니다. 자기가 살고 있는 땅을 가져다 바쳤으니 이는 불의함입니다. 또한 제가 위연의 뒤통수를 보니 머리뼈가 튀어나와 있는데, 나중에 반드시 반역을 일으킬 상입니다. 지금 죽이셔서 후환을 없애십시오.

그러나 유비가 만류하는 바람에 주의를 주고 살려두죠. 이것이 바로 유명한 짤로 돌아다니는 '반골의 상'이라는 말의 유래입니다. 물론 이 이야기는 소설 《삼국연의》에만 있는 내용으로 역사에는 전혀 기록이 없습니다. 그렇지만, 소설에서도 바로 뒤에 모순적인 내용이 이어지는데요. 형주 남부 4군인 장사, 영릉, 계양, 무릉을 접수하는 과정에서 무릉에서는 공지라는 사람이 태수 금선을 죽이고 항복하는데, 공지에게 태수의 직을 맡깁니다. 위에서 제갈량이 했던 말대로라면 전형적인 불충과 불의인데요?

나관중 같은 실력 있는 문인 소설가가 독자들도 갸우뚱할 모순적인 스토리를 왜 만들어 놓은 걸까요? 이 부분은 뒤에서 다시 얘기하도록 하고요. 다시 정사의 기록으로 돌아가 위연이 모두의 주목을 받게 되는 기록을 살펴보도록 하겠습니다.

위연은 유비를 따라 촉으로 들어가 여러 번 전공을 세워 아문장군으로 승진합니다. 그 뒤 한중공방전에서 승리한 유비가 한중왕이 되자 자신은 도읍인 성도로 옮기면서 한중에 남아 수비와 행정을 책임질 사람을 뽑게 됩니다. 이 부분은 촉서 〈위연전〉의 기록을 한번 읽어보겠습니다.

> 사람들이 논하기를 틀림없이 장비가 임용될 거라고 했고, 장비도 마음속으로 자신일 거라고 생각하고 있었다. 그런데 뜻밖에 유비는 위연을 뽑아 한중을 감독하는 진원장군으로 삼고 한중태수를 겸하도록 하자 군사들이 모두 놀랐다.[96]

저 당시 한중은 유비 진영에게는 국가를 세울 수 있게 해준 위나라 공략의 교두보이자 중요 거점 도시였습니다. 쉽게 말하면 위연에게 의정부시장 겸 전방 총사령관 직을 맡긴 것입니다. 이등병으로부터 시작하여 시장 겸 장군이 되었으니 위연은 말 그대로 실력 하나만으로 정상에 오른 입지전적인 인물이었던 것이죠.

---

96 진수 지음 · 김원중 옮김, 《正史 삼국지·촉서》(민음사, 2007), 273쪽

더 놀라운 것은 관우의 반응입니다. 장비가 가야 할 자리에 위연이 가게 되었는데도 관우는 마초나 황충 때처럼 반발하는 기색을 보이지 않았습니다. 장비 역시 유비에게 불만을 나타내지 않았고요. 이는 위연이 관우나 장비 같은 유비의 핵심 측근으로부터 인정을 받고 있었다는 증거이기도 하죠. 평민 신분임에도 불구하고 유비에 대한 충성심과 전투 실력만으로 유비의 신임을 얻었으니까요.

유비가 죽고 난 뒤 오호대장들도 다 세상을 떠나고 228년 조운이 죽고 난 뒤 위연은 제갈량의 바로 아래인 촉한의 2인자가 됩니다. 그러나 유비가 죽은 뒤부터 위연과 제갈량은 조금씩 갈등이 생겨나기 시작합니다.

이 대목에서 우리는 유비가 제갈량에게 했던 유언을 다시 떠올려보게 됩니다. 유비는 제갈량에게 마속은 말이 실제보다 더 거창하니 큰 임무를 맡기지 말라고 유언하죠. 그런데 놀랍게도 제갈량은 목숨 바쳐 충성했던 주군의 명을 보란 듯이 거역해버립니다. 촉서 〈마량전〉에도 제갈량은 그렇지 않다고 여기고 마속을 참군으로 삼아 담론하였다는 기록이 등장하는 것을 보면 거의 대놓고 주군의 유언을 묵살한 것으로 보입니다.

이건 둘 중 하나로 해석할 수 있는데요. 제갈량이 정말로 마속이라는 인물에 대해 자신이 있었거나 아니면 유비의 안목을 그다지 신뢰하지 않았다는 뜻이겠죠. 어쩌면 제갈량은 유비와 결이 다른 사람이었기 때문에 특정 분야에 대해서는 아무리 주군이라도 마음속으로 따르지는 않았을 것입니다. 즉, '당신은 유협 출신이고 나는 문인 명사 출신이니까 문인 참모는 내가 더 잘 압니다.' 어쩌면 제갈량에게는 이런 마인드가 있었을 겁니다.

재미있는 건 제갈량과 유비가 상대방의 심복을 각자 한 번씩 예언했다는 거죠. 결과론적으로는 다 들어맞았고요. 제갈량은 유비의 심복이 될 위연을 반역의 상이라고 제거하려 했고, 유비는 제갈량이 후계자로 삼으려 했던 마속을 말만 거창한 허당이라며 유언을 앞세워 기용하지 못하도록 했죠. 문인 보스 제갈량의 눈에는 유협 위연이 위협적인 존재였는데, 유협 보스 유비의 촉으로는 서생 마속이 큰 일을 그르칠 놈으로 보였다는 것이죠.

뭐, 마속이야 결과론적으로 확실히 일을 망쳤으니 유비의 눈이 정확하고 제갈량의 선택이 틀렸다고 확실히 말할 수 있겠습니다. 제갈량이 귀신도 아니고 어떻게 모든 일을 다 완벽하게 할 수 있겠어요? 그런데 왜 가정 전투라는 절대 절명의 임무를 제갈량은 검증된 위연에게 맡기지 않은 것일까요? 위연을 못 믿은 것일까요? 그건 제갈량만이 알겠죠?

그 뒤로도 위연은 매번 제갈량을 수행하여 북벌에 나섰는데, 한번은 제갈량에게 기발한 계책을 제시합니다. 그것은 자기에게 병사 1만 명을 주면 진령산맥을 넘어 장안으로 가는 최단거리인 자오곡으로 나아가 제갈량은 주력부대를 이끌고 우회하고 자신은 별동대로 자오곡을 넘어 동관에서 합류하자는 전략이었습니다. 제갈량은 너무 위험한 작전이라고 승인해주지 않았죠. 이로 인해 위연은 공개적으로 제갈량을 겁쟁이라고 비난하며 자신의 재능을 펼칠 기회를 주지 않는다고 한탄하였습니다.

자오곡 계책은 정말 리스크가 큰 작전이었을까?

역사란 가정이 없으니 상상할 수 밖에 없지만, 위연의 기책(奇策)대로 자오곡 진출이 성공하여 동관을 차지했다면 촉한은 장안 서쪽의 모든 지역을 차지할 수도 있었을지 모릅니다. 아니면 제갈량의 우려처럼 자오곡으로 진출하다가 전군이 협곡에 갇혀 전멸할 수도 있고요. 설사 동관으로 진출했다 하더라도 그곳을 끝까지 지켜내지 못하여 안정적인 병력 운용에 차질을 빚었을지도 모르는 일입니다. 어쨌든 제갈량은 안전제일주의였고, 위연은 기동대장 스타일이었으니까요. 그런데 이런 기책을 들으며 제갈량은 위연을 선봉대장 정도로는 쓸 수 있지만, 전군을 맡기는 총사령관으로는 위험하겠다는 생각을 한 것 같습니다.

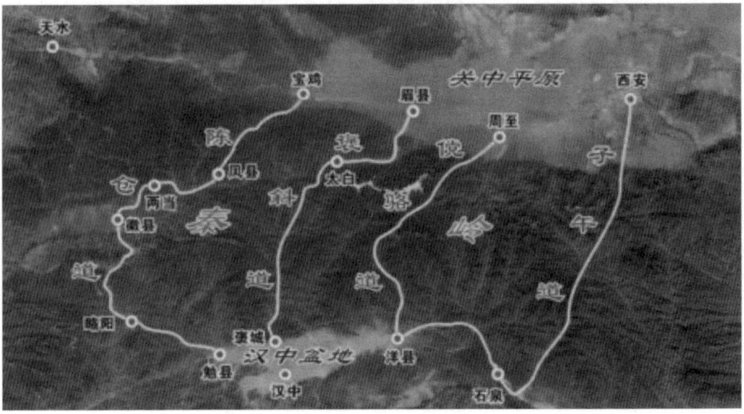

이제 마지막으로 제갈량이 죽고 난 뒤 위연의 반역에 대한 역사 기록과 소설의 묘사를 비교하여 살펴보겠습니다.

234년 가을 제갈량은 병이 깊어지자 비밀리에 양의와 비의, 강유를 불러서 자신이 죽은 뒤에 군사를 철수하는 일에 관한 지침을 내려줍니다. 왜 위연을 부르지 않은 걸까요? 제갈량이 죽으면 2인자 위연이 최고 사령관이 되어 군대를 통솔해야 하는데요. 게다가 위연에게는 적의 최전방에서 적들이 쫓아오는 것을 막게 하고 만일 위연이 군령을 따르지 않거든 군대를 그대로 출발시키라는 명령까지 내립니다. 위연이 군령을 따르지 않을 것을 미리 알았던 것처럼요.

양의는 제갈량이 세상을 떠난 뒤 비의를 시켜 위연에게 가서 태도를 떠보게 합니다. 역사 기록을 보면 위연은 이렇게 대답합니다.

승상이 비록 죽었다고 하나 나는 건재하오. 승상부에 가까운 관속들은 곧바로 시신을 모시고 돌아가서 장례를 지내야 할 것이나, 나는 모름지기 제군을 이끌고 적을 공격해야 하오. 어찌 한 사람이 죽었다고 하여 천하의 일을 그만두라 하시오? 더군다나 나 위연이 어떤 사람이기에 양의의 지휘를 받아 뒤를 끊는 장수 노릇이나 하겠소![97]

네. 분명히 이러한 위연의 말은 뒤를 지키며 천천히 퇴각하라는 제갈량

97 진수 지음 · 김원중 옮김, 《正史 삼국지·촉서》(민음사, 2007), 275쪽

의 명령을 어긴 것이죠. 전시에 군령 위반은 사형감이기도 하고요. 문제는 위연이 항명을 했느냐, 아니면 반역을 했느냐인데요. 제갈량의 군령을 어기고 양의의 지휘를 거부한 것은 분명 항명이지만, 적에게 투항하려는 의지나 행동은 기록에는 보이지 않습니다. 위연의 저 대사는 이런 의지로 읽힙니다.

> **승상부 소속의 당신들은 얼른 성도로 돌아가 국장을 치르시오. 이제 군대는 내가 총지휘하여 북벌의 임무를 수행하겠소. 특히 양의가 총지휘관이 되는 꼴은 절대 못봅니다.**

이러한 위연의 행동은 물론 제갈량의 유언을 거역한 항명입니다. 제갈량은 철군하라고 했고 양의와 비의에게 철군의 총 지휘를 맡겼으니까요. 대체 그런데 왜 이런 중요한 철군 임무를 위연에게 직접 지시하지 않고 양의와 비의를 통해 전달하게 한 것일까요? 본인이 직접 말했는데 위연이 거역하면 '마상'을 입을까봐? 아니, 본인이 명령해도 듣지 않는데, 왕따시킨 다음 아래 사람 시켜서 전달하게 하면 더더욱 반항하겠죠? 이건 거의 위연의 항명을 유도하여 그를 반역자로 몰겠다는 그림으로 보입니다.

비의는 위연에게는 자기가 양의에게 가서 설득하여 군사문제는 위연의 명령에 따르게 하겠다고 속이고는 결국 위연의 부대만 버려두고 전군이 퇴각하도록 명령합니다. 자신이 군령을 어긴 반역자 처지가 되었다는 걸 알게 된 위연은 부대를 이끌고 전군을 앞질러 가서 그들이 지나게 될 잔도와 다리를 불 질러 버립니다. 이제 정말 아군을 사지로 몰아넣었으니 반역을 한 셈이죠. 그리고 위연은 양의와 거의 동시에 성도에 상대방이 반역을 일으켰다고 보고하는 상소를 보냅니다. 황제 유선은 제갈량이 자신의 후계자로 지목해 놓은 장완과 동윤에게 양의의 상소와 위연의 상소 가운데 누구 말을 믿어야 할지를 묻습니다. 이에 장완과 동윤은 양의의 손을 들어주죠. 양의의 부장 하평은 위연의 부대를 제갈량의 명령을 거역한 반역자로 몰아 꾸짖고 군대를 흩어지게 합니다. 결국 위연은 한중으로 달아나다가 양의가 보낸 마대에 의해 죽게 됩니다. 그런데 역사 기록은 위연의 이러한 행동이 촉에 반역을 한 것인지에 대해서는 의문을 제기합니다. 진수는 〈위연전〉 마지막을 이렇게 기록하였습니다.

> **위연의 마음을 추측해 볼 때, 북쪽으로 가서 위나라에 항복하지 않고 남쪽으로 돌아온 것은 단지 양의를 없애려고 한 것이다. 자신이 제갈량을 대신해야 한다고 하기를 바랐을 뿐 본래 뜻은 촉나라를 배반하려고 한 것이 아니다.[98]**

진나라 사람인 진수마저도 이렇게 기록한 것을 보면 위연을 절대 나라를 배신하지는 않을 사람으로 믿고 있는 것 같습니다.

---

98 진수 지음 · 김원중 옮김, 《正史 삼국지·촉서》(민음사, 2007), 277쪽

그런데 소설에서 나관중의 묘사는 위연의 죽음을 극적으로 묘사하고 있습니다. 위연과 대치상태가 되자 양의는 이전에 제갈량이 위연이 배반하면 풀어보라고 남겨준 주머니를 열어보고는 위연에게 "누가 나를 죽일 수 있겠는가?"라고 세 번 외치면 군권을 넘겨주겠다고 제안합니다. 위연이 누가 나를 죽일 수 있겠느냐고 외치자마자 위연의 편인 것처럼 숨어있던 부대 속의 마대가 "내가 너를 죽이겠다!"라고 외치며 튀어나와 위연의 목을 베어버립니다. 마치 제갈량이 위연의 반역을 오래 전에 알아보고 마대를 옆에 준비시켜 두었던 것처럼 말이죠.

여기서 우리는 한 가지 의문이 듭니다. 왜 나관중은 처음에는 위연을 관우와 닮은 충성스러운 인물로 그려놓고는 결국은 제갈량의 예언대로 반역을 하고 마는, 그래서 결국 제갈량이 준비해 놓은 대로 죽게 되는 역할로 묘사하게 된 것일까요?

사실 나관중의 《삼국연의》에는 상당 부분 자기 모순적인 부분이 있는데, 시장의 요구를 무시할 수 없는 부분과 자신의 학자적 관점, 그리고 동시에 과거에 거푸 낙방하고 문인들로부터 배척당하면서 느낀 유학자의 위선에 대한 반감 등이 뒤섞여 내용에 반영된 경우들이 많습니다. 시장의 요구와 다르게 조조를 높게 평가하는가 하면 유비를 높이는 듯 하면서도 무능한 사람처럼 묘사한다든지, 어쨌거나 나관중의 《삼국연의》는 영웅쟁패라는 주제를 담으면서 인물마다 나라마다 균형을 잡아보려고 노력한 흔적이 보입니다.

제갈량이 위연을 싫어했던 건 관우를 닮았기 때문?

오히려 지금 우리가 보는 《삼국연의》는 청나라 때 모종강이 '숭유반조(崇劉反曹)', 즉 유비를 높이고 조조를 반대하는 기조로 이야기를 바꾸면서 지나치게 유비와 제갈량이 미화된 내용들입니다. 실제로 모종강 《삼국연의》는 위연이 관우와 닮았다는 부분을 삭제해 버렸고, 북벌 과정에서 제갈량이 위연을 궁지로 몰아 제거하려고 했던 부분들도 삭제해 버림으로서 제갈량은 일체의 흠결이 없는 신과 같은 존재로, 위연은 생긴대로 결국은 반역을 저지르는 존재로 만들어 버린 것이죠.

저는 위연이 관우와 닮았다는 나관중 소설에서 관우와 위연은 거울 관계가 아닌가 생각을 해봅니다. 즉, 역사적으로 '장상불화(將相不和)'혹은 '문무대립(文武對立)'으로 표현되는 재상과 장군과의 불화 이야기나 문인과 무인 간의 상호 경시 풍조는 언제 어디서나 존재해 왔는데요. 제갈량의 위연에 대한 불신과 분노는 관우로부터 시작된 것이 아닌가 하는 조심스런 추측을 해봅니다.

사실 유비파라는 유협집단을 제갈량 비전의 국가시스템으로 바꿔나가는데 가장 큰 걸림돌은 법과 문인 사대부를 무시하는 관우였습니다. 그러나 관우는 유비의 오른팔로서 통제가 불가능했기 때문에 그저 형주에 따로 떼어놓는 것이 최선이었죠. 가끔은 유비도 유협 시절의 마인드로 행동을 하여 제갈량을 실망시킵니다. 이릉대전이 대표적인 케이스죠. 그래도 제갈량은 유비에게는 불만을 표출하지 않습니다. 주군에게 충성하는 유가적 모습을 보여야 하니까요.

그러나 사람이 완벽하게 성인군자일 수는 없는 법이죠. 자기가 가장 잘 아는 문인 참모를 간섭하는 유비의 유언에는 동의할 수 없었고, 관우의 닮은 꼴인 위연이 관우처럼 문인들과 불화하는 꼴은 더 이상 참기 어려웠을 것입니다. 국가적으로도 시스템의 유기적인 운용을 위해서는 자기를 지나치게 내세우는 오만함은 용납될 수 없었던 것입니다. 위연을 제거하는데 활용한 양의 대신 장완을 후계자로 세운 것 역시 양의의 속 좁은 성격 탓이었다고 역사서는 기록하고 있습니다.

소설에서는 제갈량을 충신의 상징이자 지략의 상징인 신과 같은 존재로 만들기 위해 이러한 흠결을 묘사하지 않았지만, 사실 완벽한 인간이 어디 있겠습니까? 오히려 유난히 미워하는 사람도 있고, 짜증도 내고 그래야 더 인간적인 모습으로 다가오지 않을까요? 위연과 성격이 똑같았던 관우는 충신의 대명사가 되어 신으로 떠받들어지는데, 생김새도 똑같고 충성심도 똑같았던 위연은 촉한의 반역자가 되었으니 참 억울할 만합니다.

제23강
유비와 제갈량은 정말 영혼의 단짝이었을까?

이번 강의에서는 지난번 수어지교(水魚之交)에 대한 보충의 성격으로 유비와 제갈량의 애매한(?) 관계에 대하여 이야기해 볼까 합니다.

소설 《삼국연의》에서 47세의 중년 유비는 27세의 청년 제갈량을 삼고초려를 통하여 간절하게 영입하였고 스무 살이나 어린 그를 스승처럼 모십니다. 영입 초기에는 제갈량과 늘 붙어 지내며 자신이 제갈량을 만난 것은 물고기가 물을 만난 것과 같아 한 날 한 시도 떨어질 수 없노라고 자랑하여 관우, 장비의 질투를 유발하기도 했었죠.[99]

소설 《삼국연의》에서는 제갈량이 유비 진영에 합류한 뒤 벌어진 첫 전투인 박망파 전투에서부터 적벽대전을 거쳐 형남 4군 획득에 이르기까지

99 《삼국연의》 제39회에서 하후돈이 10만 군사를 이끌고 쳐들어오자 유비는 관우 장비를 불러 싸울 준비를 하라 이르고 이에 장비는 유비에게 "형님의 '물'한테 가서 싸우라하시죠." 라고 비꼬는 대목이 등장한다.

모든 전투에서 제갈량의 신출귀몰한 전략전술로 승리를 이끌어 낸 것처럼 묘사하고 있지만, 사실 박망파 전투는 정사에 따르면 유비가 화공으로 조조군을 물리친 전투이며, 이때 제갈량은 유비에게 영입되기도 전이었습니다. 그 외에도 적벽대전을 비롯하여 형주 거점 마련의 과정에서 제갈량의 역할은 소설과는 달리 정사 기록에는 그다지 결정적인 것은 아니었던 것으로 기록되어 있습니다. 대부분 다른 사람의 역할을 제갈량의 것으로 둔갑시켰음은 지난 강의들에서 확인했던 것들이죠.

그런데, 제갈량 신격화 소설인 《삼국연의》에서 조차도 유비 진영의 서천 진출부터 한중공방전, 그리고 유비의 죽음으로 이어지는 이릉대전에 이르기까지 제갈량은 유비와 함께 전쟁터를 누비지 않습니다. 서천 진출은 방통과 함께였고, 한중 공략은 법정이 주도하였으며, 방통도 법정도 죽고 없던 이릉대전에서도 제갈량은 유비와 함께 출정하지 않고 그저 성도를 지켰을 따름입니다.

왜 이렇게 되었을까요? 몇 년 사이에 이 물고기는 물이 싫증나기라도 한 걸까요? 소설 《삼국연의》에서는 제갈량을 신출귀몰한 전략가이자 능수능란한 외교가에 일편단심 충신의 표상까지 모든 옷을 제갈량 한 사람에게 겹겹이 입혔지만, 정사 《삼국지》에서 진수가 평가한 것처럼 임기응변의 지략은 그의 장점은 아니었습니다.[100] 그래서 짧은 시기였지만 병법

100 진수는 촉서 〈제갈량전〉에서 "제갈량은 정치를 숙지하고 세상을 다스리는 이치를 터득한 뛰어난 인재로서, 춘추시대의 관중, 전한시기의 소하에 필적할 만하다. 그러나 해마다 군대를 동원

과 지략에 능한 방통과 법정 같은 책사들을 만난 뒤에는 제갈량은 원래 자신의 전공이었던 행정가의 역할로 돌아가 유협 집단의 보스이자 실전형 리더인 유비가 전방에서 잘 싸울 수 있도록 후방의 행정과 보급을 담당하는 역할을 주로 해왔던 것입니다.

안타깝게도 법정과 방통이 일찍 죽는 바람에 유비 사후 북벌의 총책임자 역할까지 스스로 짊어져야 했지만, 만약 법정이나 방통이 살아있었다면, 그들 중 누군가가 제갈량의 역할을 맡아 북벌의 전방을 책임지고 이엄이 담당했던 후방 행정과 보급 역할을 제갈량이 맡았더라면 삼국의 역사가 혹시 달라지지 않았을까 하는 생각도 해보게 됩니다.

유비와 제갈량의 관계가 어떠했는지를 알기 위해 유비와 법정의 관계와 비교해서 살펴보는 것도 재미있을 것 같습니다. 유장의 항복을 받아내고 파촉(巴蜀) 지역을 얻게 된 유비는 이어 법정의 건의를 수용하여 한중을 취하러 갑니다. 앞에서 살펴본 것처럼 법정은 한중의 지정학적 중요성과 당시 조조군의 상황을 날카롭게 분석하여 유비에게 어필하였는데, 그의 성격은 제갈량과는 달리 직선적이어서 자신의 주장을 끝까지 고집하고 관철시키려 했다고 합니다.

한번은 유비가 화살이 비 오듯 쏟아지는 전투 현장을 아랑곳하지 않고

하고도 성공하지 못한 것은 임기응변의 지략이 그의 장점이 아니었기 때문이다."라고 적고 있다.

모든 참모들의 만류에도 불구하고 전방에서 직접 지휘를 하고 있자, 법정이 바로 유비의 옆에 다가와 같이 화살 비를 맞았습니다. 유비가 법정에게 어서 몸을 피하라고 만류하자 법정은 말을 듣지 않고 "주공께서 화살비를 피하지 않는데 어찌 저 혼자 피하겠습니까?"라고 대답하여 결국 유비가 법정을 따라 후방으로 이동했다는 기록이 배송지의 주석에 등장합니다.[101]

그런가 하면 촉서 〈법정전〉에는 보은과 복수를 사사로이 하는 법정의 임협(任俠)적인 면모가 기록되어 있습니다. 아울러 누군가가 제갈량에게 이러한 법정의 행동을 말려달라고 요청하자 제갈량은 이렇게 대답하죠.

> 법효직은 진퇴양난의 처지인 주공을 도와 주공으로 하여금 처음으로 날개를 펼치고 남에게 제압당하지 않도록 만든 사람입니다. 그런데 어떻게 법정이 자기 맘대로 하는 것을 금지할 수 있겠습니까?[102]

이러한 제갈량의 대답은 참 뜻밖이죠? 제갈량은 조상이자 롤 모델인 제갈풍을 본받아 상벌을 분명히 하는 법가적인 행정 시스템을 추구한 사람인데, 뜻밖에 법정의 사사로운 행위를 눈감아주다니요? 진수 역시 이 부분이 의외였던지 "제갈량은 유비가 줄곧 법정을 아끼고 신임한다는 것

---

101 진수 지음 · 김원중 옮김,《正史 삼국지·촉서》(민음사, 2007), 186쪽
102 위의 책, 182쪽

을 알았으므로 이와 같이 말한 것이다."라고 보충 설명을 하고 있습니다.

이러한 기록을 통해 우리는 두 가지 사실을 추측할 수 있습니다. 하나는 유협 집단의 리더인 유비는 임협적인 기질을 가졌던 법정과 코드가 유사하다고 느껴서 그를 아꼈다는 것이고, 다른 하나는 제갈량 역시 자신의 스타일과는 다른 유비의 통치 스타일에 일일이 간섭하지 않았다는 점입니다. 어쩌면 간섭을 포기했거나 상호 자신의 영역을 만들고 거리를 두는 방식을 택했을 수도 있겠죠. 어쩌면 유비도 제갈량의 이러한 스타일을 서로 인정하여 상호 존중 내지는 일정한 거리두기와 같은 관계를 유지하지 않았을까 생각해봅니다.

왜 제갈량은 이릉전투를 만류도 출전도 하지 않았을까?

의리와 인정으로 움직이는 유비의 유협 집단과 법치와 시스템으로 움직이는 제갈량의 행정 집단은 서로의 다름을 조심스럽게 인정하면서 '따로 또 같이' 움직이고 있었는데, 이러한 다름이 폭발적으로 해소될 수 밖에 없었던 사건이 바로 이릉대전과 그로 인해 이어지는 유비의 죽음을 전후한 권력 이양 문제라고 할 수 있겠습니다.

먼저 이릉대전의 시작과 패배에 대한 책임에 대하여 이야기 해 볼까요? 물론 관우의 죽음으로 인해 이성을 잃고 기어이 동맹국을 공격한 유비에게 모든 책임이 있다는 점은 분명합니다. 그렇지만, 제갈량은 공적인 대의를 잃고 사적으로 전쟁을 일으키는 유비를 왜 말리지 않았을까요?

> **만일 법정이 살아있었더라면 주상이 동쪽으로 가지 못하도록 말렸을 것이고, 설령 동쪽으로 갔다 하더라도 틀림없이 위험에 빠지지는 않았을 텐데.[103]**

제갈량은 이릉대전에서 유비가 대패했다는 소식을 듣고 위와 같이 탄식했다고 합니다. 그런데 뒤집어 생각해보면 분명 제갈량은 이 전쟁이 해서는 안 될 일이며, 하더라도 패배할 위험이 컸다는 것을 미리 알고 있었다는 건데요. 그런데 왜 법정이 할 수 있는 그 만류와 보필을 제갈량은 할 수 없었을까요? 법정이 없으니 이제 본인이 나서서 무리한 전쟁을 수행하려는 유비를 기어이 말렸어야죠. 그리고 도저히 말릴 수 없거든 같이 출정하여 유비가 전투에서 패하지 않도록 온갖 지략을 다 동원해서 도왔어야죠.

유비가 죽고 2년 뒤 제갈량은 군대를 이끌고 남만을 정벌하여 남만의 수장 맹획을 일곱 번이나 잡았다가 풀어주는 귀신 같은 전략 전술을 보여주는데요. 이런 신출귀몰한 전술을 이릉대전에 썼다면 형주를 오나라로부터 탈환했거나 최소한 유비 혼자 대패하는 일은 없었을 것 같은데요.

---

103 진수 지음 · 김원중 옮김, 《正史 삼국지·촉서》(민음사, 2007), 184쪽

어떤 학자들은 제갈량이 유비를 만류하지 못한 이유를 형제 관계에서 찾기도 합니다.[104] 유비가 익주를 얻은 뒤 손권은 제갈량의 친형인 제갈근을 특사로 관우에게 보내어 관우가 지키던 남군을 돌려달라고 요청합니다. 아울러 관우가 형주를 상실하고 오나라에 붙잡혀 죽음을 당하던 일련의 과정에서 오나라의 핵심 인물들은 여몽과 육손, 제갈근이었다고 할 수 있습니다. 즉, 유비의 입장에서는 제갈량의 형이 자신의 아우를 죽게 만든 장본인 가운데 하나라고 생각할 수 있다는 것이죠. 그런 상황에서 제갈량이 유비더러 우리 형이 한 일을 용서하고 당신 동생의 복수극을 벌이지 말라고 말하기에는 너무 면목이 없었을 것이라는 주장입니다. 앞에서도 언급했듯이 유협 집단의 보스인 유비의 입장에서는 동생의 복수가 나라의 운명보다 더 중요하게 느껴질 수도 있었겠죠. 형님 · 동생의 의리와 정으로 만들어 낸 조직에서 복수와 보은을 포기한다면 자기 조직의 정체성을 잃게 되는 것이니까요.

또 어떤 학자는 제갈량이 산전수전을 다 겪은 유비가 형주를 탈환하거나 최소한의 성과라도 거두어 돌아올 것으로 기대했으므로 강력하게 반대하지 않았을 거라는 주장도 합니다만,[105] 정말 제갈량이 그런 기대를 했었다면 남아서 성도를 지키는 일은 다른 신하에게 맡기고 본인은 유비 옆에서 승리를 도왔어야 하지 않았을까요?

---

104 방북진 지음, 김은주·위소관 옮김, 《학자의 눈으로 본 三國志》(신아사, 2017), 44쪽
105 위의 책, 45쪽

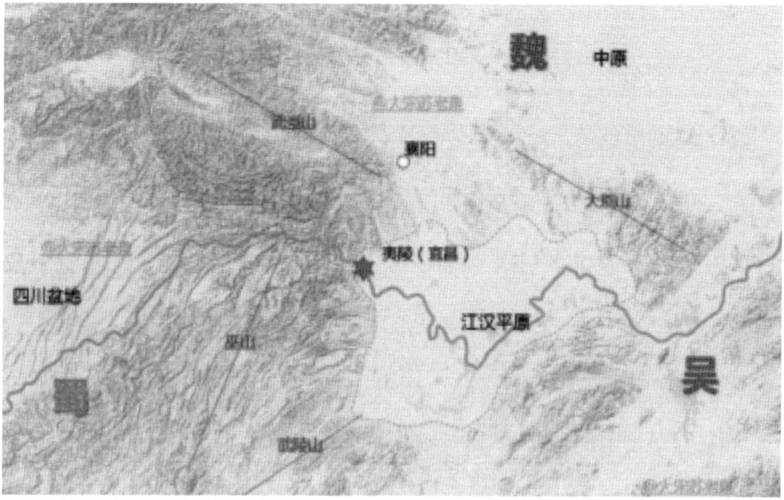

저는 여기서 조심스런 추측을 해봅니다. 어쩌면 관우 복수전 출정을 계기로 촉한은 한나라 황제 유비 집단과 유협(游俠) 집단 보스 유비 집단으로 나뉘게 된 것이 아닌가 하는 생각입니다. 황제 유비 집단은 한나라 부흥을 기치로 하는 제갈량에 의해서 촉한의 성도에서 움직이고 있었고, 유협 보스 유비 집단은 10만 대군을 거느리고 오나라를 공격하러 간 것이죠.

그런 상황에서 유비는 제갈량을 데려갈 이유도 명분도 없었을 것이며, 제갈량 역시 자신에게 필요한 유비는 유협 집단의 보스인 장군 유비가 아니라 한나라의 정통 계승자로서의 상징적 이름일 뿐이었으므로, 원정 떠나는 장군 유비를 지켜보면서 다양한 변수에 대비할 수밖에 없지 않았을까요? 결국은 최악의 결과를 얻으면서 유협 집단 보스 유비는 10만 명의 병사와 수백 명의 인재를 희생시키면서 역사의 뒤안길로 사라지게 되었고, 젊은 인재의 부족은 새로운 나라를 이끌어갈 제갈량에게도 큰 부담을 주게 되었습니다.

유비가 이릉대전 패배 후 성도로 돌아오지 못하고 백제성에 1년 가까이 머물렀던 이유 가운데 제갈 승상을 볼 낯이 없었다는 기록이 있는데, 이것은 이러한 권력 분담과 이양의 사정이 담겨있는 결과라고 볼 수 있을 것입니다. 만약 유비가 제갈량과 말 그대로 물과 물고기의 관계처럼 일심동체였다면 아무리 볼 낯이 없고 병이 들었을지라도 황제가 직접 최전방에서 적의 방패막이 역할을 할 것이 아니라 얼른 황궁으로 돌아와 다음 대책을 수립했어야겠죠.

서기 222년 8월 이릉에서 대패한 유비는 영안의 백제성으로 후퇴하였고, 다음 해 3월에는 황태자 유선을 성도에 두고 제갈량에게 명하여 자신의 두 아들인 유리와 유영을 데리고 급히 백제성으로 오도록 합니다. 백제궁에 도착한 제갈량에게 유비는 여러 가지 조언과 부탁을 하는데, 이 가운데 하나가 '영안탁고(永安托孤)'라는 성어로 불리는 후사에 대한 부탁의 내용입니다. 그리고 나서 두 달 뒤 유비는 세상을 하직하게 되죠.

일단 '영안탁고'에 대하여 살펴보기 전에 유비가 유언을 남기자마자 죽은 것이 아니라 두 달에 걸쳐 천천히 이런 저런 유언을 제갈량에게 남겼고 비교적 오랜(?) 시간의 유언 덕분에 마속을 기용하지 말라는 유언도 있었다는 점 지난 강의에서 다루었죠. 즉, 유비가 마속은 중용할 그릇이 못되니 잘 살피라고 특별히 유언을 남겼는데 제갈량의 반응은 어땠죠?

> 제갈량은 오히려 그렇지 않다고 생각하였고, 마속을 참군으로 삼았는데 매번 불러서 일을 논할 때마다 아침부터 밤까지 이야기를 나누었다.[106]

자, 생각해봅시다. 아무리 불효자라도 부모님 유언은 최대한 따르려고 노력하지 않나요? 그런데 천하의 충신인 제갈량이 자기 주군의 유언을 대놓고 거역하다니요? 정사 기록에 저 정도로 적혀있다면 아마도 실제로는 유비가 "마속은 믿을만하지 못하니 중용하지 마세요."라고 유언했을 때 제갈량이 "제 사람은 제가 알아서 뽑을 테니까 님은 상관 마셈." 거의 이런 뉘앙스라고 할 수 있겠습니다.

이 당시 백제성에 있는 유비와 제갈량의 심리를 한번 가정해보죠. 의리로 일어나 수많은 전투를 거치며 잡초처럼 생존해 온 유비는 한중에서 처음으로 조조를 몰아내고 왕이 된 이래 아름답던 순간은 불꽃처럼 사그러지고, 이제는 두 동생들을 먼저 떠나보낸 뒤 한 국가의 대의명분에 걸맞지 않은 복수 전쟁을 치르느라 수많은 군사와 인재들을 잃고 초라해진 모습으로 제갈량을 대하게 되었습니다. 얼마나 제갈량에게 미안하고 부끄러웠을까요?

제갈량의 입장에서는 얼마나 유비가 한심했을까요? 15년 전 자신의 초가집으로 찾아와 형주를 거점으로 오나라와 동맹을 유지해야 한다는 천

---

106 亮猶謂不然, 以謖爲參軍, 每引見談論, 自晝達夜. 陳壽, 《三國志》(中華書局, 1962), p.983

하삼분지계를 듣고 눈물을 흘리며 자신을 도와달라 간청했던 유비가 이제 와서는 동맹국을 공격하고, 형주를 잃고, 촉한의 미래를 이끌어갈 수많은 인재들을 몰살시켰으니까요. 역적을 몰아내고 한나라를 재건하자는 대의명분은 어디 가고 개인적인 복수심에 사로잡혀 나라의 동력과 미래의 가능성까지 잃은 채 위태로운 정권을 넘겨주려 하는 유비의 모습에서 제갈량은 절망감을 느꼈을 것입니다.

'당신이 가진 대의명분에 나의 경세 철학을 걸어보려 했는데 이제 촉한은 익주에 고립되어 한 팔이 꺾였습니다.' 어쩌면 이런 절망감을 안고서 제갈량은 부지런히 향후 수습 대책을 고민하지 않았을까요?

영혼의 단짝에게 그런 유언을 할 수 있을까?

이런 상황에서 유비는 문제의 후사에 대한 유언을 던집니다.

당신 재능은 조비의 열 배는 되니 틀림없이 나라를 안정시키고 끝내는 대업을 이룰 것이오. 만일 후계자가 보좌할 만한 사람이라면 그를 보좌하고, 그가 재능이 없다면 당신이 스스로 취하시오.[107]

사마광의《자치통감》에도 유비의 후사에 대한 유언이 기록되어 있는데

107 진수 지음 · 김원중 옮김,《正史 삼국지·촉서》(민음사, 2007), 118쪽

거의 비슷하게 번역이 되어 있습니다.

만약에 사자(嗣子)가 보필을 받을 만 하다면 보필해주시오. 만약에 그러한 재목이 안 되면 그대 스스로 자리를 차지하여도 되오.[108]

제갈량더러 황제가 되라는 유언인데요. 이에 제갈량은 눈물을 흘리며 죽을 때까지 충성을 다하겠노라고 이마를 바닥에 찧으며 피의 맹세를 하게 됩니다.

그런데 사실 위와 같은 번역은 다소 문제가 있습니다. 원문에는 '如其不才, 君可自取'라고 되어 있는데요. 여기서 '自取'라는 말은 '방법을 골라 택함[選取]'이라는 의미인데, 후세 사람들은 이를 '취하여 대신함[取而代之]'이라고 받아들여 위와 같은 번역을 하게 된 것 같습니다. 물론 소설 《삼국연의》에서도 이러한 의미로 제갈량에게 성도의 주인이 되라는 표현을 하고 있죠.

만약 사자(嗣子)가 보필할 만하면 보필해주시오. 만약 그럴만한 재목이 못 되거든 그대가 스스로 성도의 주인이 되시오.[109]

108 사마광 지음 · 권중달 옮김, 《資治通鑑·삼국시대》(삼화, 2007), 105쪽
109 나관중 지음 · 이문열 평역, 《삼국지》 제9권(민음사, 1988), 48쪽

만약 유비가 진정으로 제갈량에게 황제 자리를 대신하게 하고자 했다면 '그대가 알아서 방법을 취하시오[君可自取]'라는 표현 보다는 '그대가 후계자를 대신해도 좋소[君可代之]'라고 명확하게 말했을 것입니다.[110]

그렇다면 제갈량이 알아서 취할 방법에는 어떤 것들이 있었을까요? 물론 후세의 번역처럼 황제 유선을 폐하고 본인이 황제가 되는 것도 하나의 방법이겠지만, 그것은 절대로 제갈량의 선택지가 될 수는 없을 겁니다. 왜냐하면 유비 진영이 물리력과 인재 풀이 가장 적었음에도 나라를 세울 수 있었던 유일한 무기가 바로 한나라의 계승자라는 정통성 때문이었는데, 유씨를 폐하고 제갈씨가 황제가 된다는 건 전혀 명분이 없으니까요.

그렇다면 다른 선택지로는 어떤 것이 있을까요? 일단 노왕 유영과 양

110 방북진 지음, 김은주·위소관 옮김, 《학자의 눈으로 본 三國志》(신아사, 2017), 51쪽

왕 유리를 데리고 오라고 한 것으로 보아 황태자 유선의 재능이 부족하거든 그를 폐위하고 다른 황자를 황제로 세우는 것도 하나의 방법이 되겠죠. 그런가 하면 유선에게 명군으로서의 자질이 보이지 않으면 수렴청정을 통하여 정사를 제갈량이 대신하는 것도 또 하나의 선택지가 되겠네요.

유비는 어쨌거나 모든 가능성을 다 포함하여 제갈량에게 후임 황제에 대한 전결권을 부여합니다. 그리고 여기에 힘을 실어주기 위하여 아들들에게 제갈량을 아버지로 섬기고 따르도록 몇 번을 강조하죠.

그렇게 되면 새 황제 유선과 제갈량은 묘한 관계를 가지게 됩니다. 즉, 군신관계이면서 역으로 부자관계가 되는 셈이죠. 신하 제갈량은 군주 유선에게 충성을 바쳐야 하지만, 이는 다시 아들 유선이 아버지 제갈량에게 복종해야 하는 관계가 되기도 하는 것이죠.

호삼성(胡三省)은 《자치통감》의 이 대목에 주석을 붙여 '옛날부터 자식을 부탁하는 주군 가운데 소열제 유비만큼 분명하고 통달한 사람은 없었다.'[111]라며 높게 평가하고 있는데, 저는 좀 생각이 다릅니다. 만약 유비와 제갈량이 정말로 죽고 못 사는 100% 신뢰 관계에 있었다면 저런 유언은 할 필요도 없고 해서도 안 되는 말입니다.

저런 식으로 신하들을 다 모아놓고 "내 자식이 좀 떨어지는 것 같으면 당신이 황제가 되시오."라고 말하면 세상에 어느 신하가 "네. 좀 떨어지네

111 自古託孤之主, 無如昭烈之明白洞達者. 司馬光 編集 · 胡三省 音註, 《資治通鑑》卷五(中華書局, 1984), p.2213

요. 제가 황제를 해야겠습니다."라고 대답할 수 있을까요? 즉 저런 유언은 정답이 이미 정해져 있는 압박이라고 밖에 할 수 없는데요. 황제가 신하들을 다 모아놓고 "내 자식이 좀 부족하면 갈아 치우든지 섭정을 하든지 그대가 알아서 방법을 찾으세요."라고 말하면 "아닙니다. 제가 열심히 새 황제를 보좌하겠습니다." 이런 류의 대답 말고 어떤 말을 할 수 있겠습니까?

만약 유비와 제갈량이 서로 의심할 나위 없는 물과 물고기의 관계였다면 저런 유언을 남기지 않아도 알아서 유비에게 바친 충성을 유선에게도 바치겠죠. 이런 대목에 심지어 황제의 자리를 빼앗은 조비를 예로 들어 다른 방법을 찾으라고 말하는 것은 유비가 좀 비열하다는 생각까지 듭니다. "제갈량 당신도 조비처럼 내 아들의 자리를 빼앗을 거요?"라고 비꼬는 느낌입니다.

그래서 군주의 속마음은 군주가 안다고 호삼성의 극찬에도 불구하고 청나라 강희제는 유비의 속마음을 비열하다고 비판합니다.

유비는 평상시에 항상 자신과 제갈량은 물과 물고기 같은 친밀한 사이라고 하지 않았던가? 제갈량이 일편단심으로 충성을 다한다는 것을 그가 설마 몰랐다는 말인가? 그는 왜 자식을 부탁하면서 이런 의심스럽고 괴상한 말을 해야 했을까? … 삼국시대의 사람들은 모두 이렇게 꼴불견들이다. 비열하기 그지없다![112]

강희제 뿐 아니라 명대 말엽의 사상가인 왕부지(王夫之) 역시 위와 같은 유언은 절대로 군주가 내려서는 안 되는 난명(亂命)으로서, 신뢰 관계가 있었다면 굳이 내릴 필요도 없는 명이었다고 비판하였습니다.[113]

어느 초코파이 광고처럼 '말하지 않아도 아는' 사이였다면 별도의 유언이 필요하지도 않았을 유비와 제갈량의 관계에서 저런 반어법 식의 '탁고'가 등장하는 것은 둘의 관계가 그리고 다른 사람들에게 비쳐진 둘의 관계가 '말하지 않아도 알' 정도의 절친 사이는 아니었음을 반증하는 것 아닐까요? 결과론적으로 유비는 유언을 통하여 제갈량의 지위를 확립시켜 줌과 동시에 다른 계파인 상서령 이엄을 제갈량과 같은 반열에 올려 협조와 견제를 동시에 수행하는 묘한 관계를 만들어 주었습니다.

황제 유선은 즉위와 동시에 제갈량을 무향후로 봉하고 승상부를 열게 하였고, 익주목도 겸하게 했죠. 즉, 제갈량은 외교권과 군 지휘권, 익주 전체의 행정권과 치안 책임권까지 그야말로 모든 것을 겸직한 지위를 가지게 됩니다. 한편 황제 유선은 건흥 14년인 236년이 되어서야 처음으로 황궁을 나가 도강언이라는 인공 저수지를 시찰했다는 기록이 있을 정도로 13년 동안 거의 황궁 연금 상태였습니다. 그렇다면 현상을 바라보는

112 易中天 지음 · 홍순도 옮김, 《삼국지강의2》(김영사, 2007), 263쪽
113 와타나베 요시히로 지음 · 노만수 옮김, 《삼국지 인재전쟁》(더봄, 2023), 226쪽

관점이 다를 뿐 헌제와 조조의 관계나 유선과 제갈량의 관계가 현상적으로는 거의 유사했다고 볼 수도 있지 않을까요?

물론 제갈량이 촉한을 독재 통치했다고 해서 그 자체를 문제 삼을 수는 없을 것입니다. 제갈량이 자주 동원한 북벌 군대를 제외하고는 제갈량의 통치 기간 촉한 지역에 민란이 일어났다거나 지배층의 내분이 있었다거나 하는 기록은 없으니까요.

결과적으로 살아 생전의 유비와 제갈량의 관계는 협(俠)과 법(法)이라는 서로 다른 스타일로 인하여 서로 조심하고 존중하는 긴장관계였을 수 있지만, 유비 사후 제갈량은 한나라의 계승자 유비라는 표상을 충분히 활용하여 '유비의 뜻'을 이어받은 제갈량이 정국을 주도하고 북벌을 이끌어 갔다고 말할 수 있겠습니다.

나가는 말

후한 말엽에 일어난 대규모 민란과 군웅들의 각축전이라는 혼란의 역사는 많은 역사가들에 의해 기록으로 남겨졌고, 이런 기록들은 삼국 이야기의 원천 소스가 되어 잡극과 소설, 영화와 드라마, 그리고 웹툰과 게임 등의 장르로 확대 재생산되면서 각각의 장르에 걸맞는 스토리로 끊임없이 재해석되고 있습니다.

이러한 재해석의 작업은 역사 기록의 빈틈을 상상력으로 채우면서 진행되는데, '삼국 IP(Intellectual Property)'의 확대 재생산이 활발하게 이루어지고 있다는 것은 그만큼 재해석의 공간이 넓고 크다는 의미일 것이며, 재해석의 공간이 넓고 크다는 것은 역사 기록의 빈틈이 많은 것 이외에도 다양한 상상력을 발휘하게 만드는 재미의 요소가 삼국 이야기 안에 존재한다는 의미일 것입니다.

요즘 시중에 나와 있는 《삼국지》 관련 책들을 보면, 그리고 《삼국지》 관련 유명 유튜버들의 영상들을 보면 소설 《삼국연의》와 정사 《삼국지》의 비교에 포커스를 맞추고 있는 것들이 매우 많다는 것을 발견할 수 있습니다. 즉, 우리가 알고 있는 소설 《삼국연의》 이야기 중에 이런 내용은 사실 역사 기록에는 있네 없네 하면서 역사 기록을 가지고 마치 '팩트 체크'하듯이 소설 내용과 대조 작업을 하는 경우가 많다는 것이죠.

물론 이 책에서도 역사 기록과 소설 《삼국연의》의 내용을 비교하면서 이야기를 끌어나간 부분도 많습니다. 그러나 한 가지 강조하고 싶은 것은 역사 기록이라는 것이 결코 팩트를 담고 있는 정답지가 아니며, 역사 기록과 다르다고 해서 소설의 이야기가 의미 없는 허풍이 되는 것은 더더욱 아니라는 사실입니다. 즉, 동탁의 부하 장수인 화웅을 손견이 죽인 것으로 역사 기록에 나온다고 해서 관우가 화웅을 베고 돌아와 식지 않은 술잔을 기울였다는《삼국연의》의 이야기를 허황한 거짓말로 매도할 필요는 없다는 것입니다. 오히려 왜 《삼국연의》에서는 이런 스토리를 만들어 내야만 했을까를 고민해 봐야하는 것이죠.

필자는 중국 역사 강의 첫 시간에 학생들에게 이런 과제를 내곤 합니다. '2024년 3월의 OO대학교'라는 제목으로 모바일 사진 한 장을 찍어서 제출하세요.

그리고 다음 시간에 학생들의 과제 사진을 받아보면 그야말로 다양한 사진들이 즐비합니다. 학교 정문을 찍은 사진이 있는가 하면 자신의 강의실 셀카를 찍은 사진에, 등굣길의 버스를 찍은 사진에다 학교의 밤 야경 사진을 내는 학생 등 모두들 입학 첫 달의 학교에서 느낀 다양한 광경들을 담아내는 것입니다.

중국 역사 수업 첫 시간에 이런 과제를 내는 이유는 우리가 눈으로 보는 그대로 찍어내는 사진이라는 매체도 어떤 피사체를 취사 선택하느냐에 따라, 그리고 동일한 피사체라 하더라도 촬영 시간이나 각도에 따라 '전혀 다른 말을 하고 있다'는 것을 보여주기 위함입니다. 사진도 그럴진대 하물며 사람이 기록하는 역사 기록이야 오죽하겠습니까? 인간이 살아가는 모든 공간과 모든 시간을 하나의 빠뜨림 없이 다 기록할 수 있는 것은 오직 신만이 가능한 역사겠죠.

그러므로 인간이 기록하는 역사는 무엇을 기록할지, 어떻게 기록할지, 기록의 대상과 방식에 모두 역사가의 관점이 내재되는 몹시 이데올로기적인 작업이라는 것입니다. 대개의 역사서가 사건이 일어난 후대에 기록된다는 것을 감안한다면 그 역사를 기록하는 주체는 이전 역사 주체를 계승했거나, 이전 역사 주체를 극복하고 새로운 승리자가 된 경우일 것입니다. 그러므로 결국 역사 기록이라는 게임은 '팩트 게임'이라기 보다는 '파워 게임'에 가깝다는 것입니다.

우리가 《삼국지》 역사를 읽을 때도 이런 점을 감안하여 헤아려야 할 것입니다. 그 당시의 포폄(褒貶)의 기준과 21세기 한국의 독자가 바라보는 기준은 다를 테니까요. 당시의 역사서 역시 시대의 변화에 따라서 그리고 역사가의 관점에 따라서 기록마다 다소간의 차이가 있습니다. 상상력의 공간이 더 넓은 역사소설의 경우는 서사의 스펙트럼이 훨씬 넓어지겠죠?

그래서 이야기 콘텐츠를 감상하고 생산하는 우리들이 해야 할 일은 "역사기록에는 A라고 되어 있는데, 《삼국연의》에는 B라고 되어 있네? 역시 소설은 구라였어!"라고 끝내는 것이 아니라, 왜 《삼국지평화》에서는 환생과 복수에 포커스가 맞춰져야 했는지, 왜 나관중의 가정본은 조조와 유비에 대해 애매한 관점을 보여주었던 것인지, 왜 모종강은 '유비를 띄우고 조조를 까는[崇劉反曹]' 지나친 선악 구도로 이야기를 끌고 가야만 했는지, 그 당시의 서사 패러다임과 시장의 요구, 사회적 분위기 등에 대해 한 번 더 생각해 보는 지혜를 갖추는 일이어야 할 것입니다.

패션이 유행을 타듯이 이야기도 시대적 유행을 탑니다. 즉 시대의 흐름에 따라 특정 캐릭터가 더 부각되기도 하고 묻히기도 하는 것이죠. 역사 기록이라는 것은 소략하여 빈틈이 생길 수 밖에 없는데, 그 빈틈을 헤집고 들어가 그 시대에 유행하는 상상력으로 재해석 해낼 수 있는 것, 이러한 재해석의 공간이 넓을수록 명작의 반열에 오르는 작품이 될 것입니다.

최근 《서유기》의 손오공을 재해석하여 만든 비디오 게임이 전 세계적으로 큰 인기를 얻고 있다고 합니다. 21세기를 살아가는 한국의 독자들에게 《삼국지》나 《서유기》는 단순한 외국의 고전콘텐츠가 아닙니다. 중국의 고유 문화인 쿵푸와 팬더를 엮어서 미국의 헐리우드가 〈쿵푸팬더〉를 만들어 내었듯이, 삼국이야기와 손오공이야기의 재해석과 재생산의 공간은 언제나 우리에게 열려 있습니다.

참고문헌

陳壽,《三國志》, 中華書局, 1962

范曄,《後漢書》, 中華書局, 1962

司馬光 編集 · 胡三省 音註,《資治通鑑》, 中華書局, 1984

진수 지음 · 김원중 옮김,《正史 삼국지 · 촉서》, 민음사, 2007

사마광 지음 · 권중달 옮김,《資治通鑑 · 삼국시대》, 삼화, 2007

정원기,《삼국지평화》, 도서출판 청양, 2000

나관중 지음 · 이문열 평역,《삼국지》, 민음사, 1988

방북진 지음, 김은주 · 위소관 옮김,《학자의 눈으로 본 三國志》, 신아사, 2017

방북진 지음, 김은주 · 위소관 옮김,《三國志 그 감춰진 진실을 찾아서》, 신아사, 2017

易中天 지음, 김성배 · 양휘웅 옮김,《삼국지강의》, 김영사, 2007

易中天 지음 · 홍순도 옮김,《삼국지강의2》, 김영사, 2007

와타나베 요시히로 지음 · 노만수 옮김,《삼국지 인재전쟁》, 더봄, 2023

김문경 지음, 《삼국지의 영광》, 사계절, 2002

장정일 · 김운회 · 서동훈 공저, 《삼국지해제》, 김영사, 2003

김태호 · 이정모, 《삼국지 사이언스》, 휘슬러, 2004

루쉰 저 · 조관희 역주, 《중국소설사》, 소명출판, 2004